KB071691

고장 난 대화

이진희 지음

너는 왜 그렇게 말하고 나는 왜 이렇게 힘들까

고장 난 대화

청림출판

한 그루의 나무가 모여 푸른 숲을 이루듯이
청림의 책들은 삶을 풍요롭게 합니다.

대화가 고장 나면
마음부터 수리하세요

나는 사람들에게 나를 소개할 때 "저는 특이한 한의사입니다"라고 말한다. 한의사 하면, 사람들은 대개 침을 놓거나 뜸을 뜨거나 한약을 처방하는 모습을 떠올린다. 하지만 우리 한의원은 그런 서비스를 제공하지 않는다. 일반적인 한방 치료를 받는 공간이 없고, 상담실과 강의실이 있다. 나는 침 대신 말(상담)로 사람들의 마음을 치료하는 한의사다.

　그렇게 마음의 병을 치료한 지 어느덧 10년이 넘었다. 예전에 비해 신경정신과에 대해 지니는 선입견이 없어지긴 했지만, 여전히 자신의 병을 부끄러워하는 사람들을 만난다. 사람들은 어깨 통증, 허리 통증 같은 몸의 통증은 부끄러워하지 않으면서도 왜 우울, 불안, 강박 등 마음의 통증은 부끄럽게 여기고 숨기려는 걸까?

마음이 아프고 싶어서 아픈 것도 아닌데, 자신이 잘못되고 부족하다고 여기는 이들을 만날 때마다 마음이 아팠다. 그럴 때마다 머릿속에 한 가지 질문이 떠오르곤 했다.

"의사 중에 가장 으뜸인 의사는, 치료를 잘하기보다 병이 생기지 않도록 예방하는 의사라는데, 마음의 병에는 어떤 것이 예방 의학이 될 수 있을까? 아픈 마음을 치료하고 잘못된 선입견을 없애주는 것도 중요하지만, 애초에 마음이 병들지 않도록 돕는 방법은 없을까?"

마음이 아픈 이유는 다양하겠지만, 내가 만난 대부분의 사람들은 다른 사람들에게 들어서는 안 될 말을 듣고, 들어야 할 말을 듣지 못해서 아팠다. 심지어 학교 왕따, 성폭행, 가정 폭력, 언어 폭력과 방치를 경험한 사람들도 있었다. 나는 이 분들을 치료하는 과정에서 말은 사람을 기쁘게도 하고 행복하게도 만들어주지만, 마음에 지독하게 아픈 상처를 남기기도 한다는 것을 절실히 깨달았다.

사람들의 치유와 변화를 도와주던 중 나는 대화법을 공부할 기회를 얻었다. 당시 마음의 병을 예방해줄 대화법을 발견했다는 생각에 잠시 들떴지만, 대화법을 배우는 일은 쉽지 않았다. 정말 힘들게 용기를 내어 진솔하게 말을 건네고 상대방의 입장에서 공감을 해도 상대방은 "너 갑자기 왜 그래? 이상해"라고 반응했다. 책에 나올 법한 이상적인 장면은 연출되지 않았다. 속상하고 억울한 마음에 포기하고 싶은 마음도 들었다.

하지만 한의원에서 마음이 아픈 사람들을 만나면서 생각을 바꿀 수밖에 없었다. 상담을 통해 감정을 조절하고 부정적인 기억을 해소하면 그들의 병은 치료됐다. 하지만 그 뒤에는 어떻게 해야 할까. 결국 자신의 마음을 보호하고, 제대로 표현하는 대화법을 배우지 않는다면, 그들은 또다시 상처받을 것이다. 나는 건강하게 대화하는 방법을 공부하는 것을 포기할 수 없었다. 다만, 건강하게 대화하려면 먼저 자신의 감정을 조절하는 방법을 배워야 하고, 또 자신과 다른 것을 받아들이는 포용력을 키워야 한다는 사실도 알았다. 그래서 내가 배우고 알고 있던 것을 통합하기로 했다. 그 과정에서 이 책을 쓸 기회가 생겼다.

쓰고 싶었던 주제의 책인지라, 출판사에서 출간 제의를 받았을 때 처음에는 아주 기뻤다. 13년 정도 쌓아온 직·간접적 임상 경험과 생각을 정리할 수 있겠다는 생각도 들었다. 그런데 막상 글을 쓰려고 하자 막막해졌다.

건강한 대화법을 한 줄로 요약하는 것은 아주 쉬웠다.

"잘 듣고 잘 표현하기."

문제는 다들 그 방법을 몰라서 고장 난 말을 하는 게 아니라는 점이다. 다른 사람의 말을 잘 듣고 내 생각을 잘 표현하고 싶지만, 막상 실제 대화에서는 어떤 상대인지, 상대가 어떤 감정을 갖고 있는지, 처한 상황은 어떤지와 같은 변수가 너무 많다.

　내 마음과 달리 상대에게 벌컥 화를 내기도 하고, 상대의 무심한 말 한마디에 상처받기도 한다. 심지어 똑같은 표현을 해도 어떤 사람은 이해하지만 어떤 사람은 오해했다. 말은 미묘한 차이로도 전혀 다르게 전달되기 때문이다. 그래서 고민 끝에 '이런 상황에서는 이런 말을 해보세요' 같은 방법만 가득한 내용은 가급적 담지 않기로 했다. 대신 내가 만났던 사람들을 변화시킬 수 있었던 내용을 담기로 했다. 많은 이들이 감정이 평온할 때 다른 사람과 자연스럽게 합리적으로 대화할 수 있었고, 자신이 진정으로 무엇을 원하는지 알고 난 뒤에는 어디에서든 누구 앞에서든 당당하게 말할 수 있었다. 이해할 수 없었던 다른 사람의 사정과 진심을 알게 되었을 때, 자책이나 비난을 멈추고 제대로 된 대화를 시작할 수 있었다.

　다소 익숙한 부분도 있겠지만, 나는 그 과정에서 나와 사람들이 알게 된 내용을 이 책에 담았다. 무엇이 고장 난 대화인지, 고장 난 대화를 하게 되는 이유는 무엇인지, 고장 난 말로 받은 상처를 어떻게 치유하는지, 건강한 말로 자신을 표현할 때 무엇을 알면 도움이 되는지에 대한 이야기를 담았다.

　이 책은 내키는 부분부터 자유롭게 읽어도 된다. 다만 작은 부탁이 있다면 책에 소개된 다양한 방법 중 마음에 드는 것 하나라도 30일은 시도해보면 좋겠다. 영어책 한 번 읽는다고 영어를 잘하게 되는 것이 아닌 것처럼, 건강한 대화를 하려면 최소한의 실천이 필요하다.

이 책이 말로 상처받는 사람, 뜻하지 않게 말로 상처를 주고 있는 사람에게 치유와 변화의 작은 기회가 되길 바란다.

차례

대화 때문에 관계가 고장 났다면

누군가의 말이 나를 아프게 한다면

대화의 흐름에서 길을 잃었다면

네 번째 수리서 나의 속도로 말하는 연습을 합니다

더 이상 말과 마음이 고장 나지 않도록

마지막 수리서 우리의 대화는 계속되어야 합니다

우리의 대화
이상하지 않나요?

첫 번째 수리서

우리의
말과 마음을
들여다봅니다

아무리 대화해도
통하지 않는 느낌이 든다면

"내 이야기, 듣고 있는 거야?"

　카페를 가든 식당을 가든, 상대의 눈을 바라보며 대화하는 사람보다 스마트폰에 시선을 고정한 사람을 쉽게 찾을 수 있다. 10년 전만 해도 보이지 않았던 모습들이 이제는 우리의 일상 곳곳에 꽤 많이 녹아 있다. 이 스마트폰을 이용한 새로운 의사소통 방식은 사람을 더 외롭게 만드는 듯하다.

　유독 힘든 하루가 있다. 그런 날일수록 내가 좋아하는 사람들이 지친 기색을 알아주고, 힘든 상황을 공감해줬으면 한다. 그러나 건조한 말투로 "왔어?"라는 말만 할 뿐 상대의 시선이 내가 아닌 스마트폰에 머물러 있다면 기분이 어떨까? 분명 사람도 있

고 목소리도 들리는데 유령과 대화하는 듯하고 혼자라는 생각
이 들 것이다.

불편한 마음으로 "너 지금 내 얘기 듣고 있어?"라고 물어본
다. 상대가 답을 못해도 서운하지만, "너 방금 ○○라고 했잖아!"
라고 들은 바를 읊어줘도 기분이 좋진 않다. 말만 듣고 싶은 것
이었다면 인공지능 서비스와 대화하는 것이 더 나을지도 모른
다. 이런 상황은 사람들과 잘 지내고 말을 잘하는 사람들 또한
예외가 아니다. 남들 눈에는 친구도 많고 성격도 좋아 보이는 사
람들조차도 "전, 친구가 많지 않아요"라고 말한다. 주변 지인과
가벼운 일상만 이야기할 뿐 진솔한 대화를 나누기는 어렵다며
제대로 된 소통을 원한다고 말한다.

선생님과 학생, 직장 상사와 부하, 동료, 부부, 부모 자녀, 연
인, 친구, 형제, 남매, 자매 관계까지. 우리는 삶에서 맺는 다양한
관계 속에서 제대로 된 소통을 원한다. 심지어 관계가 좋지 않은
대상에게도 말이다. 가족과 다시는 안 볼 것처럼 집을 뛰쳐나간
자녀들도 부모에게, 번번이 무시당하고 비난받는 부하직원도 상
사에게 제대로 자신의 의사를 전달하고 싶어한다. 물론 상대에
대한 분노와 원망감도 적진 않다. 그러나 '내가 말을 제대로 했
다면 저 사람이 나를 지금과 다르게 대했을까?'라는 생각을 하
는 것도 사실이다. 이런 생각 뒤에는 표현과 소통을 원하는 욕구
가 있다.

또한 "요즘 젊은 것들은 의무는 다하지 않으면서 권리만 찾

으려 해"라고 말하는 직장 상사도 "요즘 애들은 정신력이 약해! 우리 때는 어땠는지 알아? 나라면 절대 그렇게 안 해"라고 말하는 부모 세대도 답답해하면서 마음 한구석에는 그들과 잘 지내고 싶어 하는 심리가 있다.

표현 방식이 서툴러 진심을 제대로 전달하지 못하다 보면 서로에 대한 원망감과 서운함이 쌓일 수밖에 없다. 하지만 그 사람들을 개인 대 개인으로 만나보면 알게 된다. 그들 모두 분명 소통을 원한다.

이렇게 모두가 소통을 원하는데도 왜 만나기만 하면 오해가 생기고 말이 안 통하는 걸까? 지금부터 그 답을 우리의 일상과 마음속에서 찾아보고자 한다.

고장 나지 않은
대화란

지인에게 새로운 책을 쓰고 있다고 하니, 어떤 책이냐고 물었다.
"고장 난 대화와 그렇지 않은 대화에 관한 책이에요"라고 답하
는데, 문득 '고장 나지 않은 대화를 어떻게 간단하게 설명하지?'
라는 질문이 떠올랐다. 부정적이거나 싫어하거나 나쁜 것은 설
명하기 쉬운데, 긍정적이고 옳고 바른 것에 대한 설명은 불명확
하거나 모호하게 여겨질 때가 있다. 다행히 지인은 고장 나지 않
은 대화가 무엇이냐고 더 묻진 않았지만, 나는 내 안에 떠오른 질
문에 대한 답을 찾아야 했다.

시간이 꽤 흐른 후, 내가 찾은 답은 단순한 수식이었다.

'그래, 고장 난 대화를 하지 않으면 고장 나지 않은 대화가 되는 거잖아?'

생각이 여기까지 이르자, 나는 상담과 연구를 통해 알게 된 사람들의 대화 습관과 특성을 바탕으로 고장 난 대화의 특징을 적기 시작했다.

듣기

1. 상대가 이야기할 때 자신이 듣고 싶은 부분만 듣는 경우
2. 상대의 이야기를 듣는 척하면서, 주의를 다른 곳(스마트폰, 자기 생각)에 두는 경우
3. 상대의 이야기를 듣는 척하면서, 그 후에 자신이 할 이야기를 생각하는 경우
4. 상대의 이야기를 자신의 생각, 기억, 감정에 따라 원래 의도와 달리 왜곡해서 듣는 경우
5. 상대의 이야기를 끝까지 듣지 않고 중간에 이야기를 끊거나, 대화의 주제를 바꾸는 경우
6. 자신만 옳고 상대는 틀렸다고 생각하며 듣는 경우
7. 상대의 감정에 대해서 자신이 책임을 지려고 하는 경우
   (예를 들어 자기 잘못이 아닌데 자신의 잘못이라고 생각하고 과도하게 자책을 하거나 사과를 하는 경우)

말하기

1. 자신이 하고 싶은 말만 하는 경우

2. 다른 사람에게 말할 기회를 주지 않고, 자기 혼자 대화를 독점하는 경우

3. 상대를 비난하거나 무시하는 태도로 말하는 경우

4. 상대의 말을 진위와 상관없이 주관적으로 해석, 판단하고 상대를 비난하는 경우

5. 말이 자신의 감정과 생각과 일치하지 않는 경우

6. 자신의 생각과 감정을 상대가 받아들이고 동조해주길 강요하는 경우

7. 자신의 기분이나 감정에 따라 일관성 없는 행동과 태도를 보이는 경우

8. 괜찮지 않은데 괜찮은 척하는 것과 자신의 감정과 욕구를 억누르거나 외면하는 경우

　나도 고장 난 대화의 정의에서 자유롭지 않다. 상대가 내 이야기를 반박할 때보다 그들의 진심이 어떻든 내 이야기를 편들어줄 때 더 마음이 편하다.

　이제는 연습을 많이 한 덕분에 "정말 저 사람이 진심이 아니어도 네 말을 따라주길 바라니?"라는 질문이 남들보다 더 빨리 떠오른다. 덕분에 고장 나지 않은 대화 쪽으로 나아갈 기회를 조금 쉽게 얻었다.

감사하게도 고장 난 말에 대한 개념이 없거나, 상대의 마음을 존중할 수 있는 질문이 떠오르지 않아도 매번 고장 난 말을 하는 것은 아니다. 사람들은 본능적으로 대화를 하면서 그 대화가 고장이 났는지, 고장이 나지 않았는지 여부를 안다.

고장 나지 않은 대화를 할 때의 사람들 반응은 신기하게도 비슷하다. 대개 말을 많이 하게 되고 자신도 모르게 상대 쪽으로 몸을 기울인다. 더 많이 웃거나 표정이 밝아진다. 비난받거나 외면당할까 봐 말하지 못한 이야기를 해도 안전하다고 느낀다. 표면적인 이해가 아니라 상대와 깊이 연결된 느낌, '통한다'는 느낌을 받기도 한다. 설령 생각하는 바가 다르더라도 상대의 생각을 존중한다. 이처럼 서로의 다름과 다양성을 존중함으로써 더 행복하고 충만함을 느낄 수 있게 하는 대화가 고장 나지 않은 대화다. 이제 우리는 대화가 고장 나지 않도록 조금씩 우리의 마음을 살피며 상처를 주지도 받지도 않고 소통하는 방법들을 찾아갈 것이다.

내 이야기를
제대로 들어줄래?

사람들은 초당 약 200만 비트의 정보를 받는다고 한다. 그러나
컴퓨터나 핸드폰에 너무 많은 프로그램을 동시에 작동시키면
다운되는 것처럼, 우리 뇌도 많은 정보를 동시에 처리할 수 없다.
그래서 들어온 정보를 생략하고 일반화시켜 여러 가지 필터로
걸러 그중 134비트 정도의 정보만 인식한다. 200만 개 중에서
134개만 인식하다 보니, 당연히 오해와 곡해가 생길 확률은 높
을 수밖에 없다.

특히 자신만의 생각이 강하거나, 콤플렉스가 있거나, 정서적
상처가 깊은 사람일수록 아주 작은 134개의 퍼즐만으로 상대의
말을 곡해하기 쉽다.

다라 씨는 오랜만에 친구를 만났다. 그리고 오늘도 친구 미영 씨는 어김없이 약속 시간에 늦었다.

"미영아, 오랜만이야. 잘 지냈나봐, 얼굴 좋아 보여!"

"너, 말을 어떻게 그렇게 해?"

"무슨 말이야?"

"지금 나 살쪄서 얼굴 폈다고 비웃는 거잖아?"

다라 씨 입장에서는 어이없고 황당할 뿐이다. 비웃은 적도 없지만, 약속 시간에 늦은 친구는 사과는커녕 왜 저렇게 예민하게 반응할까. 차분하게 그런 뜻이 아니라고 설명하자 미영 씨가 대답한다.

"사람들이 자꾸 내가 뚱뚱해서 결혼을 못 한다잖아. 엄마도 자꾸 살 빼라고 하고. 남 대리 알지? 옆에서 얼마나 깐족대는지, 나도 모르게 예민해졌나봐. 미안해!"

이처럼 스트레스가 쌓이면 그 불똥이 애꿎은 사람에게 튄다. 안타까운 사실은 그 대상이 만만한 친구나 가족이라는 점이다. 운 좋게 다라 씨와 같이 대화를 통해 오해를 푸는 경우도 있지만, 감정적인 싸움으로 번지는 경우도 꽤 있다. 이런 일이 반복되면 사이는 점점 벌어진다. 그동안 서운했던 것까지 죄다 터뜨리고 싸우다 관계가 흔들리는 경우도 있다.

콤플렉스는 듣기 능력을 떨어뜨린다. 여러 가지 이유로 자존감이 떨어지면, 사람들은 자신의 콤플렉스에 더 집착하고 예민하게 반응한다. 콤플렉스로 인한 상처가 클수록 "네가 좋아", "성격이 참 좋은 것 같아요" 같은 호의적인 표현에도 "지금 나 놀려?", "비웃는 거지?"라는 식으로 반응한다. 콤플렉스가 있는 자신이 인정받을 수 있다고 믿기 힘든 것이다. 좋은 표현도 왜곡해서 반응하니, 무덤덤한 표정이나 부정적인 반응에는 더 분노하고 힘들어한다. 이들은 "역시 내가 이런 문제가 있어서 그래"라고 콤플렉스를 탓한다.

콤플렉스로 인해 힘들어하는 사람들과 대화하는 데는 에너지가 많이 든다. 편안하게 말해도 곡해해서 듣기 때문에, 감정 소모가 크다. 그러나 콤플렉스가 있다는 이유로 소중한 사람과의 관계를 끊을 순 없지 않은가. 게다가 정도와 종류가 다를 뿐 대부분의 사람이 콤플렉스를 가지고 있다. 즉 우리도 누군가에게는 힘든 사람이 될 수도 있다.

누군가 나의 이야기를 곡해하고 있다면 먼저 "지금 내 말이 어떻게 들렸어?"라고 물어보라. 나의 의도와 다르게 전해졌다는 사실을 쉽게 알게 될 것이다. 대화의 좋은 점은 '오해'를 '이해'로 바꿀 수 있다는 것이다. 반대로 내가 상대의 말을 곡해해서 듣고 있다면 지금부터 설명할 EFT(감정자유기법)가 어쩌면 자신도 몰랐을 콤플렉스나 마음의 상처에서 벗어날 수 있도록 도와줄 수 있을 것이다.

부정적인 감정과 생각, 기억에서 벗어나는 방법
EFT(감정자유기법)

EFT Emotional Freedom Techniques는 한의학과 심리학을 결합한 새로운 심리 치료 방법이다. 자신의 정서적인 문제를 주어진 형식에 맞게 표현하면서(심리학) 동시에 경혈을 두드린다(한의학). 1,500년 전에도 화병이 있었고, 우울증이 있었다. 당시에는 침과 탕약, 상담을 통해 정신과 질환을 치료했는데, 그 방법을 현대적으로 재해석한 방법이 EFT다.

EFT는 현재 한국을 비롯한 35개국 이상의 나라에서 600만 명 이상의 사람들이 널리 활용하는 방법으로, 울화병, 우울증, 불안증, 공포증, 무기력증, 불면증 등을 치료하는 데 효과를 보이고 있다. '한국인의 병'이라고 불리는 화병과 불면증에도 EFT가 효과 있음이 SCI(과학기술논문 인용색인)급 논문으로도 발표되었으며 최근 들어 국가공인하에 신의료기술로 등재되었다. 특히 EFT는 불안, 분노, 슬픔, 외로움, 수치심 등 직접적으로 부정적인 감정과 기억을 해소하는 데 효과적인 방법으로, 다른 심리 치료 기법에 비해 짧은 시간 내에 심리적 문제를 해소한다. EFT에 대해 더 자세히 알고 싶다면 책 《나쁜 기억에서 자유로워지는 연습》이나 다이룸 행복학교(cafe.naver.com/enhealing)를 참고하라.

한눈으로 보는 EFT

1단계: 문제 확인

해결하고 싶은 육체적·심리적 증상을 확인해서 그 문제의 고통 지수를 0~10 사이로 측정해본다. 예를 들어 목소리가 얼마만큼 떨리는지, 심장이 얼마나 두근거리는지, 손떨림이나 스트레스 정도가 얼마만큼인지 자가 진단을 해보는 것이다.

2단계: 준비 작업

문제를 최대한 구체적으로 표현한 뒤 손날을 가볍게 두드리며 수용 확언(예: 나는 발표할 때 심장이 두근거리지만 마음 깊이 자신을 이해하고 받아들입니다)을 3회 반복해서 말한다.

가볍게 톡톡톡
두드린다

3단계: 연속 두드리기

연상 어구(문제 상황을 나타내는 말, 예를 들어 심장 두근거림)를 반복해서 말하면서 다음 그림의 타점들을 각각 7회씩 두드린다.

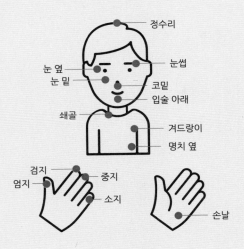

정수리

눈썹

눈 옆
눈 밑
코밑
입술 아래

쇄골

겨드랑이
명치 옆

검지
엄지 중지
소지

손날

4단계: 조정 과정

증상을 느껴 보고 고통 지수를 다시 측정한다. 처음 진단했을 때
와 얼마만큼 달라졌는지 비교해본다. 효과가 없을 때는 문제를 더
구체화해서 2단계와 3단계를 다시 반복한다. 고통이 조금 줄어들
었을 때는 수용 확언을 "나는 발표할 때 여전히 심장의 두근거림
이 남아 있지만⋯⋯"으로, 연상 어구를 "여전히 조금 심장 두근거
림이 남아 있음"으로 바꿔 2단계와 3단계를 반복한다. 고통이 느
껴지지 않는다면 EFT 작업을 끝내도 좋다.

잘 표현하고
잘 듣는 법

같은 것을 보고 같은 경험을 해도 저마다 다른 반응을 보이기 마련이다. 친구와 함께 똑같은 시를 읽거나 영화를 같이 본다고 해서, 두 사람이 느끼는 감동이 똑같을까? 물론 그렇지 않을 것이다. 같은 것을 직접 경험해도 이러한 차이점이 있는데, 하물며 대화는 어떨까? 시와 같이 비유와 함축의 언어를 쓰는 예술 분야에서야 다양한 해석이 긍정적이겠지만 일상 대화에서는 오해를 부르기 십상이다.

"아빠, 분명 나 이거 하면 노트북 사준다고 했잖아요!"

부루퉁해진 딸의 표정만 봐도, 조만간 폭발할 듯하다. 분명 눈에 넣어도 아프지 않았던 때가 있었는데, 어느새 커서 이렇게 대드는지, 사춘기 딸은 때로는 무섭게 느껴진다.

상민 씨는 딸에게 노트북을 사준다고 말을 하긴 했다. 평소 책상에 앉아 공부도 하지 않고 설렁설렁 놀기만 하는 딸에게 차분하게 공부를 하는 습관을 만들어주고 싶었다. 그래서 상민 씨는 '성실하게 공부해서 90점 이상 넘으면'이라는 전제하에 노트북을 사준다고 했다. 문제는 딸에게는 '90점 이상'이 더 중요했다는 점이다.

동일한 표현을 말하고 들어도, 사람들은 자신의 입장에서 이해하고 듣고 싶은 대로 듣는다. 특히 대화가 다양하게 해석될 수 있는 모호성을 지닐수록 그렇다. 그러다 보니 아래와 같은 대화로 이어지기도 한다.

"안 돼. 성실하게 공부하겠다는 약속은 지키지 않았잖아."

"아빠는 거짓말쟁이! 사주기 싫어서 말 바꾸는 거잖아요!"

결론적으로는 아이가 원하는 것을 들어주는 경우가 더 많지만, 이미 자녀에게 '거짓말쟁이'라는 낙인이 찍힌 뒤다.

반면, 표현이 명확해도 자신이 정해놓은 답, 듣고 싶은 것만 들으려는 경우도 있다. 이미 선택지를 결정해놓고, 형식적으로 혹은 자랑삼아 다른 사람에게 묻는 척하는 경우가 그렇다. 소통의 문제를 넘어 금전적 손해로 이어지는 경우도 있다.

"너, 내 친구 강진이 알지? 걔가 이번에 이 회사 주식 상장이 되면 대박 난다고 나보고 투자하래! 그래서 나도 해보려고!"라고 이미 마음을 결정한 사람에게, "전형적인 사기인 것 같은데?"

라고 의심하는 주변의 말은 크게 들리지 않는다. 물론 친구의 말대로 대박이 날 수도 있다. 그러나 듣고 싶은 말만 듣고 자세히 알아보지도 않고 섣불리 투자한다면 금전적으로 손해를 입을 가능성이 더 클 것이다. 어떤 물건을 사려고 이미 결정했을 때도 마찬가지다. 실질적으로는 필요하지 않다는 것을 주변에서 아무리 말해도 듣지 않고 산다.

평소 대화를 할 때 애매하게 말하는 습관이 있는 사람은 구체적으로 표현하는 연습이 필요하다. "가까운 사이인데 굳이 그렇게까지 해야 하느냐"라고 말하는 사람도 있겠지만, 가까운 사람들과의 대화일수록 구체적이고 명확하게 표현하는 것이 좋다. 또한 정확하게 말하지만 상대의 이야기를 듣지 않는 사람은 조언을 구할 때 열린 마음을 가져야 한다. 상대의 성심 어린 대답을 제대로 듣지 않을 생각이라면, 묻지 않고 자신의 뜻대로 하는 것이 더 낫다.

그 사람과의 관계가 소중하다면, 그 관계를 잘 유지하기 위해 노력하자. 상대가 자신의 마음을 알아줄 거라고, 혹은 자신의 의견에 무조건 동의할 거라는 생각을 접어두고 잘 말하고 잘 듣자. 잘 표현하고 잘 들을 때, 서로의 진심은 더 잘 전달된다.

우리 마음을
다치게 하는 사람들

자본주의 사회에서 돈은 서비스를 살 수 있는 수단이다. 또한 돈에 따라 사회적 지위와 힘의 정도가 정해지기도 한다.

한편 우리는 '빈부귀천은 없다', '인간의 존엄성은 무엇과도 바꿀 수 없다'라는 사실도 배운다. 즉 돈이나 사회적 지위, 힘이 없다고 해서 갖고 있는 이들 앞에서 위축될 필요가 없다. 돈과 권력을 가지고 있다고 해서 없는 이들에게 함부로 대해서도 안 된다는 뜻이기도 하다. 그러나 현실에서는 이런 상식에서 벗어나는 일이 빈번하게 일어난다.

"너 내가 누군지 알아? 나 여기 VIP야. 나이도 어린 게. 여기 점장 당장 안 불러?"

'내가 너님을 어떻게 아니? 큰소리 치면 다인 줄 아냐?'라는 말이 목까지 차올라왔지만, 진영 씨는 그 말을 꿀꺽 삼켰다. 다시 침착하게 "고객님, 이 부분은 조건이 충족되지 않아서 상품권을 드릴 수 없습니다"라고 설명하지만, 돌아오는 것은 언어 폭력이었다.

꼰대들을 실제로 보기도 했고, 갑질에 대해서 들어보긴 했지만, 진영 씨는 자신이 갑질을 당할 것이라곤 생각 못했다. 점장이 나서서 상황을 설명하고 양해를 구해봤지만 'VIP'는 고함을 멈추질 않았다. 그 'VIP'는 끝내 자신이 원하는 것을 받고서야 의기양양한 표정을 지으며 자리를 떴다.

병원에도 이런 환자나 보호자는 있기 마련이다. 하루는 의사 지인이 이런 말을 했다.

"저는요, 자기가 원하는 서비스를 받지 못하거나 진료비가 비싸다고 병원에서 소리 지르고 화내는 보호자가 오잖아요? 그럼 그 보호자 아이를 더 신경 써서 진료해줘요."

이유를 묻자 그분은 이렇게 말했다.

"저는 그 사람을 한 번 보고 말지만, 그 아이는 그런 부모를 평생 봐야 하니 불쌍해서요."

돈 있고 목소리만 크게 높이면 원하는 것을 얻을 수 있다고 생각하는 안하무인인 사람들에게 폭언을 당할 때, 마음이 아무렇지도 않은 사람은 없다. 이런 상하 관계, 사람 사이의 힘겨루기는 일상에서도 살펴볼 수 있다.

"도대체 너희 부모님은 널 어떻게 가르쳤기에 어른에게 말대꾸를 해!"

어떤 이들은 나이 어린 사람의 말이 옳을 수 있다는 사실을 인정하지 않고 자신의 자존심과 체면만 더 중요하게 생각한다. 그래서 곧잘 예의를 운운한다. 물론 예의와 공경은 중요하다. 그러나 그 예의와 공경을 과연 아랫사람만 윗사람에게 해야 할까? 이럴 때 나는 퇴계 이황 선생이 떠오른다. 이황 선생은 자신보다 36세나 어린 율곡 이이 선생이 당돌한 질문을 해도 겸손하게 성심성의껏 답하셨고 예로 대하셨다.

정서적으로 성숙한 사람은 상대가 자신보다 어리거나 직위가 낮다고 해서, 무언가를 모른다고 말하거나 자신의 실수를 인정할 때 무시하지 않는다. 왜냐하면 그들은 자신 또한 모르는 영역이 많다는 사실을 알기 때문이다.

이와 달리 자신과 비슷하거나 자신보다 못한 사람들의 잘못을 비난하고 의기양양해하는 사람들이 있다. 그런 사람들이 힘과 지위를 손에 넣으면 지금보다 더한 꼰대가 될 확률만 높을 뿐, 진정한 권위를 얻기는 어려워 보인다. 권위란 힘과 지위를 현명하게 쓸 수 있을 때 자연스럽게 얻어지기 때문이다.

직장인이라면, 이직이나 퇴직을 한 뒤에 자신의 진정한 권위를 확인할 기회가 생긴다. 회사에서 일할 때 "부장님", "이사님" 하고 따르던 사람들이 퇴사 후 전화 한 통 하지 않는다면, 그들은 진정 그 사람을 존중한 게 아니다. 필요에 의한 관계일 뿐 인간적인 관계는 아니었던 셈이다.

권위는 자신의 직위나 목소리가 높아진다고 해서 높아지지 않는다. 나이와 힘과 상관없이 내 앞의 사람을 존중하고 예의 있게 대할 때 자연스럽게 생긴다. 돈, 직위, 능력을 누군가에게 과시한들, 부러움의 대상이 될 수는 있어도 존중과 권위의 대상이 되진 않는다. 즉 권위를 부여하느냐 마느냐 여부는 그들이 아니라 우리가 결정하는 것이다.

누군가가 부당한 행동과 언어로 나의 마음에 지분을 차지하려고 하면, 여러 방법을 통해 빼앗긴 지분을 돌려받아야 한다. 아무도 우리의 존엄성을 훼손할 수 없다는 점을 기억해야 한다.

아무리 사랑해도
상대의 마음까지 알 수는 없다

사랑하는 사람의 마음을 알고 싶은 심리는 자연스러운 것이다. 사랑하기 때문에 그 사람을 더 이해하고 싶고, 더 기쁘게 해주고 싶고, 더 아껴주고 싶다. 그래서 상대가 자신의 마음을 알아주지 못하는 것 같고, 더 이상 자신을 사랑하지 않는 것처럼 느껴질 때는 서운하고 불안하다. 끝내 답답함을 참지 못하고 말한다.

"날 사랑하긴 해? 어떻게 내 마음을 그렇게 몰라!"

특별한 관계에서 소통은 더 중요하다. '척하면 척! 눈빛만 봐도 통하는 사이'라는 표현처럼, 잘 통할수록 사람들은 서로를 가깝다고 여긴다. 말하지 않아도 자신의 마음을 알아줄 것이라 생각한다. 그러나 꼭 그렇지 않다.

사랑에 빠져 애정의 불꽃이 활활 타올랐을 때가 있었을 것이다. 그때, 정말 단 한순간도 의견 차이가 없었을까? 아니다. 의견의 다름을 확인하는 일보다 사랑 그 자체의 감정을 더 우선으로 여겼을 것이다.

인지신경학자들의 연구에 따르면, 사랑에 빠진 사람들의 뇌에는 다양한 호르몬이 분비되어 이른바 '콩깍지'가 씐다. 실제로 인지신경학자들이 열정적으로 사랑하는 사람들의 뇌 사진을 찍어 관찰했는데, 측좌핵 부분에서 도파민을 생성하는 뇌 회로가 밝게 빛났다. 그 부위는 쾌락과 보상에 관련된 부위로, 이 부위의 작용으로 섹스, 도박, 쇼핑 등의 중독이 일어난다. 그래서 연애할 때는 상대가 무엇을 하든 좋아 보인다. 이 사실을 알지 못한다면, 상대에게 가장 끌렸던 요소가 나중에는 가장 큰 독이 되기도 한다. 처음에는 과묵함에 끌렸다가도 나중에는 답답하다고 생각해 상대에게 화를 내는 것이 그 예다.

호르몬의 효과는 1, 2년 정도 지나면 약화되면서 콩깍지는 벗겨진다. 그때 사람들은 서로 상대가 변했다고, 애정이 식었다고 생각한다. 그러나 실제로는 그때 비로소 진짜 사랑을 할 기회가 오는 것이다. 서로의 생각, 감정, 경험을 더 긴밀하게 공유하면서 진짜 연인이 되고 배우자가 될 기회를 얻는다.

앞에서 말한 인지신경학자들은 오랫동안 행복한 결혼 생활을 하는 부부에게서도 연애 초기 커플과 같은 데이터를 얻었다.

게다가 초기 커플에게는 발견되지 않은 '안정감'이라는 요소까지 더해진다는 것도 알아냈다.

생각해보라. 눈빛만 보고 통하는 것만으로 사랑을 측정한다면, 가장 오랜 시간 자신과 함께 일했던 손발 잘 맞는 직장 동료가 연인이 되는 것이 맞다. 연인이 아닌데도 호흡을 잘 맞출 수 있는데, 하물며 사랑하는 사람과 서로 소통하며 맞춰간다면 그 사랑은 더욱 깊어질 것이다.

그러니 "제 친구네 커플은요, 말을 안 해도 눈빛만으로도 잘 통한대요" 하고 다른 커플과 비교하며, 자신의 사랑을 가늠하지 말자. 말로 표현한다고 해서 사랑이 거짓이 되는 것이 아니지 않은가. 사랑만 한다고 해서 연인의 독심술사가 되는 것은 아니다. 그렇기 때문에 우리는 더더욱 서로의 감정을 표현하고 그 마음을 들어주고 이해해줄 수 있어야 한다. 그것이 더 건강한 사랑이다.

상대가 원하지 않는 배려는
배려가 아님을

대화할 때 좋은 의도와 진심은 중요하다. 우리는 진심이 담긴 상대의 배려를 받을 때 고마움과 따뜻함을 느낀다. 그 배려가 내가 원했던 방식이 아니더라도 말이다. 그러나 좋은 뜻으로 한 배려라고 해도 늘 좋은 결과를 가져오는 것은 아니다. 상대의 마음을 고려하지 않는 배려가 반복되면, 부담과 불편함이 쌓이기 마련이다.

〈말하는 대로〉라는 텔레비전 프로그램에 개그우먼 장도연 씨가 나온 적이 있다. 장도연 씨는 개그맨 양세찬 씨와 파트너로 2년 동안 한 코너에 출연했는데, 그 기간 동안 두 사람은 한 번도 다툰 적이 없었다. 그만큼 장도연 씨는 자신이 나름 좋은 파트너라고 자부했다. 그러나 코너가 막을 내리고 뒤풀이에서 서로가 어떤 파트너였는지를 이야기할 때였다. 양세찬 씨는 말했다.

"누나랑 함께하는 동안 즐거웠어. 하지만 누나는 주장이 없어서 버거울 때가 있었어."

그 말을 듣고 장도연 씨는 큰 충격을 받았다고 말했다. 왜 그라고 해서 주장이 없었을까. 때로는 파트너가 준비해온 내용이 재미 없고 마음에 들지 않아도, 배려하는 마음으로 따랐던 것뿐인데, 상대에게는 배려가 아닌 부담이 되었던 것이다.

저마다 경험과 가치관 등에 따라 선의를 표현하는 방식이 다르다. 어떤 사람은 '잘되기 바라는 마음에' 칭찬과 격려를 보내는가 하면, 어떤 사람은 '실수와 잘못을 없애기 위해' 다소 부정적인 피드백을 계속한다. 후자의 경우도 표현하지 않아서 그렇지, 시간과 에너지를 들여 상대를 도우려는 뜻이니 진정성이 있다. 그러나 후배들은 후자에 해당하는 선배나 사수를 꺼려 한다.

좋은 의도가 담겼다고 해서 그 행동이 늘 정당화되지는 않는다. 나의 배려가 상대에게는 배려가 아닐 수도 있다는 사실을 기억해야 한다. 서로 배려받고 싶은 부분도, 방법도 다를 수 있다.

상대를 배려하고 싶은가? 진심으로 대하고 싶은가? 그럼 우선 솔직하게 그 마음을 표현하라. 그리고 어떻게 해주면 좋을지 상대에게 물어보라. 이 과정이 어색할 수 있다. 게다가 상대가 "네 마음대로 해!", "아무거나!"라고 말하면, 결국 나에게 익숙한 방식으로 대할 수도 있다. 그러나 생각해보라. "너 편한 대로 해도 괜찮아"라고 말하는 이 중에 진짜 불편함이 없는 사람은 얼마 되지 않는다.

그럼 잘 표현하지 않는 사람들에게 나의 배려가 좋은 배려인지 그렇지 않은 배려인지 구분하는 방법은 없을까?

배려할 때 상대의 말 외에도 표정을 살펴보라. 어색한 미소나 불편한 기색이 조금이라도 있다면, 상대의 입장을 고려한 배려가 아닐 확률이 높다. 과장된 배려도 하지 않는 게 좋다. 또한 정서적으로 보상을 바라는 배려는 결국 서운함과 오해를 만들기 마련이다. 즉 상대가 기분이 나쁘지 않을 만큼만 배려하는 것이 필요하다.

솔직한 게 아니라
무례한 겁니다

가끔 사람들이 어떤 것을 솔직하다고 생각하는지가 궁금해질 때가 있다. 머릿속에 떠오르는 단어와 가슴에서 훅 하고 올라오는 감정을 여과 없이 표현하는 태도가 솔직함일까?

"제 뱃속으로 낳은 자식이지만, 악마 같아요!"라는 식으로 자기 자식을 사이코패스나 연쇄살인마에 비유하는 보호자를 만날 때가 있다. "정말 그래요. 진짜라니까요!"라며 자신의 말에 동조하길 바라는 그들을 보면, 얼마나 괴롭고 힘들었으면 저렇게까지 말할까 싶으면서도 '과연 저렇게 말하는 게 솔직함인가?'라는 의문이 든다. 더구나 이따금 미성년자인 자녀 앞에서도 이런 말을 여과 없이 한다는 사실을 알았을 땐, 언어가 싫어질 때도 있다. 사람들은 왜 무례하게 말하는 것을 솔직하다고 생각할까? 그전에 왜 그렇게 극단적으로 표현할까?

여과 없이 표현되는 말의 특징은 '비유의 언어'를 쓴다는 점이다. 때로는 자신이 느끼는 감정이 무엇인지 모를 때도 있고, 안다 해도 그 상태를 어떤 단어로 표현해야 할지 모를 때 사람들은 비유를 쓴다. 예를 들어 너무나 괴로워서 자신의 마음을 어떻게 해야 할지 모를 때 "죽여버리고 싶다"나 "죽어버리고 싶다"라는 말들로 고통을 표현하는 것이다.

'솔직하다'의 사전적 의미는 '거짓이나 숨김없이 바르고 곧다'다. 이 의미에는 '상대를 비난하거나 함부로 상처 입혀도 된다'라는 뜻이 포함되지 않는다. 예를 들어 "너 같은 것은 꼴도 보기 싫어"라고 엄마가 아이에게 말을 했다고 가정하자. 이때 엄마의 솔직한 마음은 아이가 집을 나가는 것일까? 아이를 걱정하고 속상한 마음에 저렇게 표현했을 것이다.

솔직하게 표현한다는 것은, 말 이면에 있는 진짜 감정과 마음을 표현하는 것이다. 즉 솔직해지려면 자신의 마음을 알아야 한다. 문제는 요즘 사람들은 쉴 틈 없이 바쁘거니와, 자신의 감정을 들여다보고 표현해본 적이 없어서 비난과 공격의 언어로 마음을 거칠게 드러낸다는 것이다. 그러고는 자신의 행동을 정당화한다. '팩트 폭행'이 대표적이다.

"솔직히 너 이거 못 하잖아!", "솔직하게 너 못생겼잖아."

　내 앞에 있는 사람보다 자신이 더 나아 보이려고, 혹은 그 사람이 싫어서 상처받았으면 좋겠다는 마음으로 표현하는 것은 솔직함이 아니다. 무례하고 비겁한 행동이다. 때에 따라 상대에게 정확한 피드백을 줘야 하는 경우도 있다. 그런 때는 정중함을 잃지 말아야 한다.

　진정 솔직한 대화는 상대의 단점이나 결점을 직시하게 만드는 말이라 할지라도, 서로를 아프게 하지 않는다. 상대를 배려하지 않고 여과 없이 상처를 주는 말은 솔직한 말이 아니라 무례한 말일 뿐임을 명심하자.

부드러운 표현이
사실은 공격의 표현

"좋은 게 좋은 거야. 굳이 분란 일으키지 말자."

직장 생활을 하다 보면 한 번쯤은 들어봤고, 또 누군가에게 한 번은 해본 말일 것이다. 저런 말을 하며 분위기를 부드럽게 하려는 사람이 있다. 겉으로 봐서는 성격도 원만하고 사회성도 좋아 보인다. 그런데 그들은 정말 좋은 사람일까?

주영 씨는 새로 들어온 인턴사원 수민 씨가 너무 답답하다. 같은 업무를 정말 열 번은 넘게 가르쳐준 것 같다. 그러나 수민 씨는 단기기억상실증에 걸린 사람마냥 번번이 처음 배우는 것처럼 눈을 껌뻑거리며 주영 씨를 빤히 바라본다. 정말 화가 나는 일은 수민 씨가 기분이 좋아 보이는 날이면, 그 업무를 제대로 해낸다는 것이다. 차라리 계속 일을 못하면 업무를 익히는 속도가 느리다고 생각하겠지만, 기분이 좋을 때는 일을 해내니 주영 씨 입장에서는 놀림당하는 것 같다.

수민 씨는 싱글싱글 웃으면서 묻는 말에 잘 대답하고, 크게 언성을 높이지도 않을뿐더러, 지시에 "아니오, 못해요"라는 말도 잘 하지 않는다. 언뜻 들으면 '이런 사람이 내 동료면 좋겠다'고 생각할 수 있다. 그러나 그런 수민 씨 때문에 주영 씨는 폭발할 수도 있다.

화를 내거나 감정적으로 표현하는 것만이 상대에게 상처 주는 게 아니다. '수동적 공격'이라는 방식도 있다. 당장 갈등을 모면하거나 불편함을 덜기 위해 우선 상대가 원하는 대답을 하거나 암묵적으로 동조하는 것이다. 하지만 실제로는 늑장을 부리거나, 고집을 피우거나, 불성실하게 일을 처리하는 등 조용한 방식으로 저항한다. 그들의 말을 곧이곧대로 받아들였다가는 약속대로 일이 되지 않아 언짢아지는 경우가 많다. 이때 그들은 사과하고 다시 하겠다고 하지만, 회피 성향이 강할수록 일을 대충하거나, 그마저 하지 않아 다시 상대의 분노를 불러일으킨다. 결국 그들의 일은 시킨 사람의 몫으로 돌아간다.

이런 상황은 직장뿐 아니라 평범한 가정에서도 심심찮게 일어난다. 아이들과 게임 시간을 약속한 엄마가 약속 시간을 어긴 아이들에게 화를 내는 모습은 익숙하다. 조금만 있다가 분리수

거를 도와주겠다던 남편이 좀처럼 움직이지 않아 화를 내는 아내의 모습도 마찬가지다.

누군가가 겉으로는 "네, 네" 하고 좋게 대답하지만 사실은 수동적 공격을 하고 있다면, 업무 지시를 하거나 부탁을 할 때 다음과 같이 물어보라.

"지금 제가 어떤 업무를 어떻게, 언제까지 하라고 했는지, 다시 한 번 말씀해주시겠어요?"

수동적 공격을 하는 사람들은 상대의 이야기를 건성으로 듣기 때문에, 답을 잘 하지 못한다. 따라서 다시 한 번 상기시켜주자. 그나마 수동적 공격을 덜하도록 예방할 수 있다.

때로는 차분하고 부드러운 목소리와 말투도 상처를 줄 수 있다. 지방에서 살다 서울에서 직장 생활을 했던 한 여성이 기억난다. 상대적으로 목소리가 크고 표현이 거친 경상도에서 성장하고 일을 했던 그 여성은 서울 사람들이 화를 내도 경상도 사람들보다는 작은 목소리로 나긋나긋하게 표현하니 감정적으로 덜 힘들다고 했다.

그러나 목소리와 말투가 부드러워도 남을 비난하거나 좋지 않은 의도를 담은 말은 불쾌감을 남기기 마련이다. 그 순간은 몰랐는데, 자려고 누웠을 때 누군가의 말이 떠오르면서 분노가 치밀어올랐던 적이 있지 않은가? 이런 경우는 상대가 직접 욕설을 하거나 화를 낸 것도 아니라서, 더 억울하고 답답하다.

꼭 큰소리를 치거나 욕설을 해야만 상대가 부아가 치밀어 오르는 것이 아니다. 자신의 행동에 책임을 지지 못하는 말은 좋게 표현될지라도 누군가에게 상처를 줄 수 있다. 그러니 부드러운 목소리와 말투로 비난받거나 그 때문에 상처받아도 내가 소심하거나 잘못된 게 아닐까 걱정하지 말자. 차분한 목소리와 태도도 상대에게 충분히 공격이 될 수 있다.

분노를 조절 못 하는
이들의 사과법

요즘에는 검색만 하면 각종 정신과 질환에 대한 정보를 쉽게 알
수 있다. 그래서인지 어느 순간부터 수많은 정신과 질환과 증후
군 이름이 사람들 입에 오르내린다. 그중에는 감정 조절 장애 중
하나인 분노 조절 장애, 더 정확하게는 간헐적 폭발성 장애Inter-
mittent Explosive Disorder, IED도 있다. 분노는 다른 감정에 비해 공격
성과 파괴력이 커서, 분노 조절 장애를 지닌 사람의 주변 사람들
이 늘 전전긍긍한다. 반면 당사자는 크게 개의치 않고, 병에 대한
자각이 없는 경우가 많다.

　　이것은 치료할 때도 마찬가지다. 분노 조절 장애를 지닌 사
람들은 병원에 잘 오지 않지만 그들에게 상처받아 찾아오는 이

들은 많다. 그들은 불안, 공황장애 또는 우울증이라는 진단명으로 내원하는데, 상담 중에 자신의 가정사를 얘기해야 하는 순간이 오면 수치스러워하는 경우가 많다. 여기에는 몇 가지 이유가 있다.

첫째, 많은 이들이 그런 일이 자신의 가정에서만 일어난다고 여긴다. 둘째, 자신의 가족들에게 애증을 느끼는 사람들이 있다. 그들은 감정을 조절하지 못하는 가족 구성원의 행동에 분개하면서도 동시에 자신의 가족이기 때문에 다른 사람이 그들을 나쁘게 말하는 것이 달갑지 않다. 셋째, 자신에게도 그 사람(부모)의 피가 흐른다고 생각하므로 가정사를 고백하는 일이 결국은 자신의 흉을 드러내는 일로 생각한다. 그래서 치료를 받으러 와서도, 자신이 하지 않은 잘못 때문에 힘들어한다.

이보다 더 안타까운 사람들도 있다. 자신이 경험한 일을 가정 폭력이나 데이트 폭력으로 인지하지 못하거나, 알고 있어도 일상적으로 폭력을 경험하다보니 무덤덤해진 이들이다.

그들의 이야기는 비슷한데, 아버지가 분노 조절을 못하는 경우가 있고, 어머니나 조부모님이 그러한 경우가 있다. 다만 정도가 다를 뿐이다. 이러한 가정에서 성장한 사람은 크게 두 가지 다른 방향으로 가게 된다. 이 분노를 최대한 억압한 채 살아가거나, 양육자와 동일한 방식으로 분노를 조절하지 못하는 사람이 되기도 한다. 전자의 경우 겉보기에는 문제없어 보인다. 그러나 친구, 연인, 직장 동료 등 다양한 관계 등에서 아무런 문제를 일으키지 않더라도 부정적인 감정이 해소되지 않은 채 억압되면, 그 분노가 내부로 향해 자신에게 화를 내거나 자기비판을 하는 경우가 많다.

그들은 사과 방식도 남다르다. 누군가에게 상처를 준 사실을 안다면 사과를 하고 상처 준 말과 행동을 이후에는 하지 않도록 조심하면 된다. 예를 들어 "네가 아무 쓸모도 없는 사람이라고 한 말은 진심이 아니야. 속상했지? 정말 미안해"라고 사과를 하면 좋을 것이다. 그러나 분노 조절 장애를 지닌 사람들은 진심을 담은 말로 사과하지 못하는 경우가 많다. 대신 먹을 것이나 상대가 갖고 싶어 했던 물건을 선물로 준다. 일반적인 사과 방식과 달라서 상대가 이해를 못할 확률이 높다.

물론 사과의 선물을 받고 기분이 누그러지는 사람들도 있다. 어떤 사람은 이를 이용하기도 한다. 상대가 크게 화를 내는 그 순간은 끔찍하지만 곧 물질적 보상이 따른다는 것을 알기 때문이다. 그러나 대개는 마음이 풀리지 않아 불만이 남은 표정을 짓고 말을 하지 않는 경우가 더 많다. 사과를 바라는데, 다른 것을 주니 그럴 수밖에 없다.

그럴 때 분노 조절 장애를 지닌 사람들은 다시 화를 낸다. 화를 내지 않으려고 참아도 보지만 보통 사람보다 참는 시간이 너무 짧다. 또한 그들 입장에서는 선물로 사과를 했는데, 그 사과가 무시당했다고 여기기 때문에 참기가 더더욱 어렵다. '꼭 미안하다고 말을 해야 아나? 이 정도 했으면 알아서 이해해야지'라고 생각하는 경우도 꽤 많다.

그들에게는 자존심, 권위, 체면이 아주 중요하다. 그것들이 무너지면 세상이 다 끝난 것같이 느껴진다. 그래서 가장 소중한 사람들에게 상처를 주면서도 "너도 나이 들어보면 알게 될 거다"라는 식의 말과 함께 자신을 합리화한다.

어린아이들의 눈으로 보면, 이 문제의 답은 아주 간단하다.

미안하면 선물을 줄 것이 아니라 사과를 하면 된다. 권위와 체면은 사과를 하지 않아야 유지되는 것이 아니라, 사람을 사람답게 대할 때 생긴다. 잘못을 했을 때는 솔직하게 인정해야 한다. 그것이 진정한 용기이자 인격이다.

혹시 분노 조절 장애를 지닌 이들로 인해 대화가 고장 나고 마음이 다치는 정도가 점점 더 심해지면, 그들과 물리적으로 공간을 분리하는 방법도 생각해봐야 한다. 마음을 추스르고 상처를 회복하는 것보다 상처를 입는 속도가 더 빠르기 때문이다.

대화 때문에
관계가 고장 났다면

내가 한 말에
얽매이지
마세요

왜 그 말을 했을까,
왜 그 말을 하지 못했을까

두진 씨는 오늘 같은 밤을 술 없이 보낼 자신이 없다. '도대체 왜 그랬을까? 딱 10초만 더 참았더라도……'라는 생각을 떨쳐낼 수가 없다.

정 대리가 과장님 때문에 하도 힘들어하기에, 그 말에 살짝 동조해준 것이 문제였다. 왜 하필 그 순간 과장님이 등장하는지! 과장님 뒤끝이 장난이 아닌데……. 앞날이 깜깜하다.

미진 씨는 중학교 동창 영미 씨가 너무 원망스럽다. 미진 씨는 독서 모임에서 경준 씨를 알게 되었다. 조금씩 대화하며 서로에게 호감을 갖던 시기에, 영미 씨가 모임에 참가하고 싶다고 해서 그녀를 모임에 데리고 간 것이 화근이었다. 경준 씨 앞에서 미진 씨의 흑역사를 들추며 '재미있지 않느냐'고 웃어대는 영미 씨의 행동이 너무 황당해서 아무 말도 못했다. 창피한 마음에 허겁지겁 그 자리를 떠난 게 너무나 후회된다. 가장 후회되는 것은 그 자리에 영미 씨를 데리고 간 것이지만.

이유와 상황이 어떠하든, 얼굴이 화끈거려서 생각조차 하기 싫은 순간이 다들 있을 것이다. 타임머신이 있다면 과거를 바꾸겠지만, 현실에서는 그때의 순간이 머릿속에서 생생하게 반복 재생되기만 한다.

'그때 정 대리가 그렇게 말해도, 과장님의 의도는 나쁘지 않다고 좋게 말했더라면 과장님에게 찍히진 않았을 텐데.'

'영미를 부르지 말았어야 했어. 설령 불렀다 할지라도, 경준 씨와 떨어뜨려놨어야 했어. 영미가 창피한 내 과거 이야기를 했을 때도, 그런 이야기를 하지 말라고 명확하게 말했어야 했어. 경준 씨가 날 어떻게 생각할까?'

앞의 두 사람 경우처럼 문제가 닥친 순간에는 떠오르지 않던 말들이 사고가 터진 후에는 빨리도 찾아온다. 너무 괴로워서 잊어버리고 싶은 마음에 잠을 청하거나 술을 마신다. 시간이 지나면 그 일은 자연스레 잊힌다. 그러나 직장 내 말실수의 경우는 말실수로 끝나지 않고, 대가를 치를 일이 남는다. 그 상황을 피하자고 병가를 쓸 수도 없고, 그렇다고 회사를 그만둘 수도 없다. 실수의 대가가 실수 자체보다 더 무거울 때도 많다. 두진 씨의 경우가 그렇다.

"왜, 천 대리 말대로 나 원래 소심하고 뒤끝 있잖아."

다른 것들은 잘만 잊으면서 부하 직원의 실수는 어찌나 기억을 잘하시는지, 두진 씨는 그때마다 "아닙니다, 과장님! 죄송합니다!"라고 앵무새처럼 같은 말을 반복할 수밖에 없다. 문제는 이런 일이 한두 번이 아니며, 이 실수의 여파는 두 사람의 관계로만 끝나지 않는 경우가 많다.

상담하러 온 두진 씨가 답답함을 토로한다.

"어떻게 보면, 정 대리 위로하느라 생긴 일이잖아요? 그런데 정 대리가 뭐라고 했는지 아세요? '말조심 좀 하지!'라고 하는 거 있죠? 그뿐인 줄 아세요? 저한테는 그렇게 온갖 뒷담화를 하면서 과장 앞에서 아부하는 꼴이……."

과거가 과거로 끝나지 않고 현재에도 영향을 미친다면, 혹은 대상만 다를 뿐 실수를 반복한다면, 이 고통을 멈출 방법을 찾아야 한다. 누구나 자신의 실수와 흑역사를 돌아보는 일은 괴롭다. 그러나 용기를 내어 문제가 시작된 곳으로 돌아가 해결책을 찾아야 한다.

자신이 주로 어떤 경우에 어떤 상대에게 실수를 하는지, 또 그런 경우 어떻게 말하고 싶은지 생각해보라. 이때 자기 잘못에 대해 어떻게 언제까지 사과해야 할지 생각해볼 필요가 있다. 예를 들어, 실수로 상대의 발을 밟았다고 일주일 내내 사과한다면 다소 과하지 않은가?

머리로 생각하지 말고, 종이에 적어보자. 종이에 적으면, 자신이 겪은 상황을 좀 더 객관적으로 바라볼 수 있다. 그래야 무엇을 어떻게 해야 할지가 보인다. 용기를 내어 문제를 해결해보자. 이때는 다음과 같은 단계가 필요하다.

첫 번째로 주로 어떤 상황에서, 어떤 사람에게 하고 싶은 말을 미처 하지 못하는가? 그때 내가 정말 하고 싶었던 말은 무엇인가? 최소 세 가지 이상을 적어보자.

두 번째로, 작성이 끝났다면 대상이나 상황에서 어떤 공통점이 보이는지 살펴본다. 만약 대상에서 공통점이 보인다면 '전이' 감정이 작동하는 경우가 많다. 전이는 과거에 어떤 대상에게 느꼈던 감정이 그와 유사한 느낌을 주는 다른 대상으로 옮겨가는 현상이다. 예를 들어 전라도 출신의 사람에게 사기를 당한 기억이 있다면, 그 후에 만나는 모든 전라도 사람을 경계하고 의심하게 된다. 전이 감정이 있는 경우라면, EFT로 그 사람에 관련된 부정적인 기억을 지워주는 것이 도움이 된다.

마지막으로 상대에게 내가 하고 싶었던 말을 해본다고 상상해보자. 내가 뜻하는 대로 상대가 잘 받아들일 것 같은가? 받아들이지 못할 것 같은가?

상대가 잘 받아들이지 못할 것 같다고 여겨지면 입장을 바꿔 생각해보자. 내가 만약 그 상대라면 나와 같은 행동을 한 다른 사람을 쉽게 용서할 수 있을까? 사과를 해야 용서할 수 있을까? 사과의 기준을 정할 필요가 있다. 간혹 한 번 잘못을 한 것에 대해서 과도하게 책임을 묻는 경우를 본다. 그런 경우에는 "제가 그 부분은 잘못했지만, 이렇게까지 표현하시는 것은 지나친 것 같습니다"라고 분명하게 말할 필요가 있다.

나를 더욱 힘들게 하는
직장 내 갈등

직장인은 직장 내 갈등을 피하려고 한다. 특히 규모가 작은 회사나 팀에서는 더욱 그렇다. 상대방과의 대화가 고장 나는 걸 알아도 의견이 마음에 들어서라기보다는 갈등이 생기면 불편해질 것을 잘 알기 때문에 의견에 동의한다. 이러한 불편함이 쌓여 관계 문제 때문에 이직도 한다. 하지만 그 사람이 보기 싫다고 갈등을 피해 일을 그만둔다면 억울한 일 아닐까.

큰 회사라고 문제가 다르진 않다. 규모가 있는 회사일수록 협업이 필수여서 가장 껄끄러운 사람과 팀이 되어 일해야 하는 경우도 있다. 이때 다른 동료에게 업무를 부탁함으로써 회피하는 것도 한두 번이다. 병가를 줄줄이 낼 수도 없고, 그 프로젝트를 '파토' 낼 수도 없다.

그렇다고 갈등을 만들지 않기 위해 양보하고 배려하고 참다 보면 결국 곪아터지고 만다. 장도연 씨의 예처럼 배려가 늘 좋은 결과만을 가져오지는 않는다는 사실을 우리는 이미 안다.

동료와 갈등이 생기면, 출근 자체가 참 괴롭고 힘들어진다. 이유는 간단하다. 하루 중 동료와 함께하는 시간이 가장 길며, 다른 관계와 달리 싫다고 해서 만남을 피할 수 없기 때문이다.

본질적으로 가족 간의 갈등이 더 괴롭고 어렵다. 그러나 배우자나 자녀와 갈등이 생길 때는 최대한 말을 하지 않거나, 서로 마주치지 않으려고 방으로 들어가는 등 접촉 시간을 최소화할 수 있다. 일찍 출근하거나 늦게 퇴근하는 방법도 있다. 아이나 어른이나 주말을 제외하고는 집에서 가족과 함께하는 시간보다 학교나 직장에 있는 시간이 월등히 더 많다. 피할 수 있는지 여부가 스트레스의 강도에도 영향을 미치는 것이다.

물론 동료와의 갈등이 아무리 깊고 강렬해도, 둘 중 하나가 다른 부서로 옮기거나 퇴사를 하면 갈등으로 인한 스트레스는 사라진다. 눈앞에 보이지 않기 때문이다. 그러나 당장 가능하지 않는 일이기에 힘든 게 당연하다.

'힘든 게 당연하다'는 말을 '어쩔 수 없다'는 체념의 의미로 받아들이지 않았으면 좋겠다. 감기에 걸리면 기침을 한다. 기침을 하는 것이 싫을 수 있지만 잘못된 것은 아니다. 마음도 마찬가지다. 갈등 상황이 생겼으니 불편한 것이 당연하다.

세희 씨는 다른 동료와의 관계에서는 어려움이 없었지만, 유독 직장 상사에게 불편함을 느꼈다. 그런데 회사 특성상 일주일에 한 번씩 직장 상사와 일대일로 미팅을 해야 했다. 미팅하는 날이 금요일이어서 '금요병'까지 생길 지경이었다.

세희 씨는 직장 상사에게 느꼈던 불안, 짜증, 원망에 대해 EFT를 적용했다. 놀랍게도 다음 날 그 상사의 눈을 그대로 바라보고 이야기를 하는 데 전혀 힘들지 않았다고 했다. 예전에는 마주치는 게 싫어서 화장실 갈 때도 돌아서 가고, 미팅 시간이 다가오면 심박수가 급격하게 오를 정도로 스트레스가 심했는데 말이다. 오히려 예전에 보이지 않던 상사의 흰머리와 주름살이 눈에 들어오면서 측은한 마음까지 들었다고 한다.

감기에 걸렸을 때 증상을 완화시켜주는 약을 먹는 것처럼, 누군가와의 갈등으로 인해 힘들다면 그 감정을 직접 풀어주려고 노력해야 한다. 이렇게 함으로써 갈등 관계는 새로운 국면을 맞이할 수 있다.

누군가에게 유난히 더
화가 난다면

마음을 휘젓는 모든 감정을 매 순간 다 알아차리고, 또 그 감정을 조절해 말할 수 있는 사람이 있을까? 스스로 이성적이라고 말하는 사람도, 사람들 사이에서 합리적이라고 여겨지는 사람조차도 이성의 끈을 놓고 해야 할 말과 못할 말을 순간적으로 구분하지 못하고 내뱉을 때가 있다. 머리로는 상대에게 감정적으로 반응할 필요가 없다는 사실을 잘 알지만, 저도 모르게 대화할 때 감정에 대한 통제력을 놓아버리는 것이다.

"저도 제가 김 주임에게만 유독 엄하게 말한다는 걸 알아요. 그런데 어떡해요. 얼굴만 봐도 화가 치밀어오르는 걸요."

"제 아내는 유독 첫째를 싫어해요! 첫째가 과하게 욕심을 부릴 때도 있긴 하지만, 아이니까 그럴 수도 있는 데도 말이죠!"

평소와 달리 어떤 사람의 말에 감정적으로 반응하는데, 그 이유를 모른다면 자신 안에 방어기제가 있는지부터 살펴야 한다. 유난히 눈에 거슬리고 대화하기 불편한 사람들을 한번 떠올려보라. 그 사람들의 공통점은 무엇인가? 혹시 그 공통점을 자신도 가지고 있지는 않은가?

마음에 들지 않는 사람에게서 자신의 모습과 닮은 사람을 봤을 때 견디기 힘들어하는 감정을 '투사'라고 한다. 대개 투사는 비난, 짜증, 화 등으로 나타나는데, 자신의 불만족스러운 면을 다른 사람이나 다른 사물의 탓으로 돌림으로써, 정서적 부담을 덜어낸다.

예를 들어 자신의 단점을 닮지 않은 자녀에게는 부드러운 말투로 가볍게 혼을 내더라도, 자신의 단점을 닮은 자녀에게는 과할 정도로 화를 내고 혼을 낸다.

제삼자의 눈에는 비슷한 부류의 사람들끼리 서로 싫어하며 아웅다웅하는 것이 투사일 수 있다. 이는 친구 관계나 회사 내 인간관계에서도 마찬가지다. 욕심과 승부욕이 많은 사람들은 자신과 비슷한 후임이 들어오면 좋아하지 않는다. 상대의 화법이나 태도가 싫은 걸 수도 있지만 사실은 자신을 닮은 그 모습을 보는 것이 마음에 들지 않는 것이다.

투사는 불쾌감, 미움, 싫음 등의 부정적인 감정으로 이어지기에 침묵을 지키기보다 강렬하게 표현되는 경우가 많다. 그리하여 대화할 때 상대의 마음에 상처를 주기 십상이다.

전이라는 방어기제도 고장 난 대화를 만든다. 다만 전이는 투사와는 달리 좀 더 다양한 감정으로 표현되는 경우가 많다. 강도 높은 언어 폭력, 체벌, 정신적 스트레스를 감당하기 어려울 때 방어기제가 작동한다. 상대가 나보다 강한 존재라고 생각되면 공포를 느끼고 몸이 굳는 '얼음 반응'을 보인다. 그래서 상대가 그냥 쳐다보기만 해도 얼어붙어 아무 말도 못한다. 비슷하거나 만만하게 생각되면 적개심을 드러내기도 한다. 상대가 5만큼 실수해도 10 이상으로 화를 낸다.

특정 지역 출신이라는 이유로, 아는 사람을 닮았다는 단순한 이유만으로도 대화할 때 자신도 모르게 불편한 감정을 느끼는 사람도 있다. 40대 중반의 여성 선생님을 상담한 적이 있다.

그분은 "저는 이상하게 새로 부임한 교장 선생님하고 이야기할 때는 온몸이 굳고 말이 잘 나오질 않아요"라고 말하며 고민하고 있었다.

알고 보니, 어린 시절 무섭고 엄격했던 어머니에 대한 공포가 있었는데, 엄마를 연상시키는 교장 선생님을 만나자 그 공포가 드러난 것이다. 분명 이제는 어른이 되었고, 어머니 역시 예전과 달리 약해졌다는 것을 머리로는 안다. 분명 몸은 현재에 있지만, 그 사람을 본 순간 고통스러웠던 과거로 돌아가 '정상적인 소통'을 어렵게 만든다.

이러한 방어기제가 작동하는 모습은 상황의 문제이기보다 개인의 깊은 상처와 관련된 경우가 많다. 정도가 약한 방어기제라면, 이 책에 소개된 방법들을 스스로 적용해보는 것도 좋다. 그러나 방어기제가 반복된다면 전문적인 도움을 통해 방어기제를 만들어내고 강화시킨 원인을 찾아 치유하는 것이 필요하다. 치유가 선행되면 한결 편하게 객관적인 대화를 할 수 있다.

미안하다고 말하지만
미안하지 않을 때

어린아이들을 보면 배울 것이 있다. 친구와 싸우더라도 손을 잡고 화해하는 법을 안다. 다시는 놀지 않겠다고 씩씩대다가도, 또 어느새 같이 놀고 있다.

시선을 어른들에게 돌려보자. 아이들은 저렇게 쉽게 사과하고 화해하는데, 어른들은 가까운 사람에게 사과하는 것을 어려워하는 듯하다. 분명 아이들에게 사과하고 화해하는 법을 알려준 것은 우리 어른들인데 말이다.

물론 어른들도 사과를 한다. 그러나 어린 시절에 했던 사과와는 다르다. 형식적인 사과가 늘어난다. 특히 서비스 직종에 있는 사람들은 "죄송합니다"라는 말을 입에 달고 산다. 자신이 잘

못하지 않아도 고객이 불편하다고 하면 자동으로 사과부터 한다. 심지어 고객이 부당한 행동을 했을 때도 사과한다. 그러면 고객은 너그러운 마음으로 용서하는 양 으스대며 사과를 받아들인다.

직장 상사와 부하 관계에서도 똑같은 일이 벌어진다. 심지어 상사가 법에 저촉되는 지시를 할 때도 부하 직원은 정중하게 거절하기 위해 "죄송하지만……"이라는 사과의 문구를 덧붙인다. 이런 태도를 예의 바르고 사회성이 있다고 여긴다.

상담을 하다 보면 종종 사과 때문에 스트레스 받는 사람들을 만난다. "도대체 무엇을 사과하라는 건지 모르겠어요. 그래도 다들 아랫사람이 윗사람에게 허리를 숙이는 것이 모양새가 좋다고 하고, 그렇게 해야 사회생활도 잘한다고 하잖아요? 모두가 형식적으로 사과한다는 사실을 아는데도 그 말이 좀처럼 나오질 않아요. 제가 좀 유별난 걸까요?"

사과는 '잘못을 인정하는 행위'다. 일반화할 순 없지만, 어른들은 친밀하고 가까운 사람보다는 형식적인 관계에 있는 사람에게 사과를 더 많이 한다. 잘잘못을 떠나 힘과 권위가 있는 사람이 사과를 더 많이 받는다. 문제는 사과도 습관이라는 점이다. 습관적으로 '미안하다, 잘못했다, 죄송하다'는 말을 쓰다 보면, 정말로 자신이 잘못을 저지른 사람처럼 느껴지고, 상대의 눈치를 더 많이 보게 된다.

나도 그런 시기를 겪었다. 친절함의 수준을 넘어 잘못하지도 않은 일에 대해서도 미안해하며 상대를 챙겼다. 그러나 영혼 없이 사과하는 일에 지쳐갔고 해결책이 필요했다. 그러나 '어떻게?'라는 질문에 답을 찾기까지는 시간이 좀 더 걸렸다.

비폭력 대화에서는 "……해서 미안합니다"라고 사과하지 않는다. 대신 그 상황에서 자신이 느낀 감정과 욕구를 솔직하게 표현한다. 예를 들어 고객이 서비스에 대한 불만족 때문에 화를 내는 경우에도 "죄송합니다, 고객님"이라고 표현하기보다 "고객님께서 저희 가게에서 더 쾌적한 시간을 보내길 바랐는데, 충분히 도움을 드리지 못한 것 같아 안타깝습니다. 어떻게 도와드리면 좋을까요?"와 같이 표현한다. 미안함 대신 자신이 느끼는 안타까움과 유감스러움을 표현하는 것이다.

현실에서는 이러한 표현이 통하지 않는 상대를 종종 만난다. "미안하다"는 말을 꼭 들어야 성이 풀리는 사람들이 있기 때문이다. 그래서 나는 나름대로 규칙을 정했다.

내가 잘못한 경우라면, 먼저 비폭력 대화의 사과법을 적용해보고, 그래도 상대의 마음이 풀리지 않는다면 "미안합니다", "죄송합니다" 등의 표현을 쓴다. 사랑과 마찬가지로 사과도 받는 사람들이 이해할 수 있는 언어로 표현되어야 진심을 전달할 수 있기 때문이다.

그러나 내가 잘못하지 않은 경우에도 사과받기를 원하는 사람이 있다면, 비폭력 대화 사과법만을 쓴다. 상대가 사과를 원하는 것은 자신이 받은 정신적 혹은 물질적 피해에 대해 합당한 위로를 받길 원하기 때문이다. 나는 내가 저지르지 않은 잘못을 인정할 수는 없지만, 그들의 마음을 위로해줄 순 있다. 대체로 이 방법은 꽤 효과적이다.

물론 이 방법도 효과가 없을 때가 있다. 특히 나이가 많은 사람들과 대화할 때는 더욱 그렇다. 한 고객이 내 주변 사람들을 괴롭혀서 하는 수 없이 그 사람과 통화를 한 적이 있다. 그 사람은 전화를 받지 않는 행동이 자신을 무시하는 것이라고 여기고 분노했다. 다채로운 분노의 표현을 접하는 것은 견딜 수 있었지만, 여성도 아닌 남성에게 출산과 관련된 욕까지 듣는 것은 유쾌한 일은 아니었다. 그것도 40분씩이나. 그럼에도 불구하고 나는 미안하다고 말하지 않았다.

게랄트 휘터가 지은 책《존엄하게 산다는 것》에는 이런 내용이 나온다.

"한 사람의 존엄은 그 사람을 함부로 대하는 타인에 의해서만 다치는 것이 아니다. 우리가 우리 스스로를 함부로 대할 때에도 존엄성은 상처를 입는다."*

방법을 몰랐다면 모르겠지만, 방법을 안 후에는 내 마음을 지키고 싶었다. 필자의 기준만이 유일한 것은 아니기에, 모두 저마다의 사과 기준과 방식들을 생각해보면 좋겠다. 단 그 기준을 정할 때 '자신의 존엄성' 만큼은 꼭 고려하길 바란다.

● 《존엄하게 산다는 것》, 게랄트 휘터 저, 박여명 옮김, 인플루엔셜

그 사람에게
말로 이길 수 없는 이유

일주일 전에 서류 정리를 '가–나–다' 순으로 지시하고는, 오늘은 "도대체 누가 '가–나–다' 순서로 정리하라고 했느냐"고 화를 내는 상사가 있다. "당신이 하라고 했어요!"라고 사실을 말했을 때, "아, 그래? 미안해! 이 순서대로 해줘!"라고 말해주면 괜찮다. 그러나 이런 사람들은 꼭 적반하장으로 "뭘 잘했다는 거야!"와 같은 다른 꼬투리를 잡고, 쪽팔린 마음을 화로 드러낸다.

억울하고 분통이 터지지만, 토로할 데도 없다. 주변 사람들은 돈 벌기는 쉽지 않고 원래 사회가 이렇다고 말한다. 자본주의 사회에서 경제 활동을 하지 않고 살 수 없기 때문에 참고 버틸 뿐이다. 마음 한구석에는 그들에게 말로나마 통쾌하게 이기기를 바라면서 말이다. 침착하게 논리적으로 조곤조곤 따져가며, 그들의 코를 눌러주고 싶어 한다.

"선생님 머릿속에 있는 내용이 제 머리로 그대로 복사되면 좋겠어요!"

직장 상사의 부당한 업무 지시에도 말 한마디 제대로 하지 못했던 한 여성이 아쉬움 가득한 목소리로 내게 말했다. 한때 '한 성격 한다'고 자신을 표현했던 그녀조차도 부당한 업무 지시와 폭언을 하는 직장 상사와 소통하는 일이 쉽지 않다.

마음 같아선 뺨이라도 한 대 때려주고 싶지만, 그만한 배포가 있었으면 그렇게 답답한 상황 자체를 만들지 않았을 것이다. 간과 쓸개는 집 냉장고에 잘 보관하고 "네, 네" 하며 숙이지 않고서는, 모욕감을 느끼면서도 "죄송하다, 시정하겠다"고 말하지 않고서는 상황이 끝나지 않는다. 결국 뒤에서 혼자 속만 타들어간다.

회사에서 일해본 경험이 없는 나로서는 사람들이 전해주는 이야기를 통해 사회의 단면을 본다. 예전보다는 기업 문화가 좋아졌다고 하지만, 여전히 정서적으로 건강하지 않은 사람들이 자신의 문제점을 모르고 사는 것 같다. 그래서 그들이 회사에서 미치는 부정적 영향력은 상당히 크다.

안타까운 현실은 말로는 웬만해서는 그들을 이길 수 없다는 것이다.

첫 번째 이유는 이미 상대 때문에 마음의 상처를 입었기 때문이다. 신체적 외상이 아닐 뿐, 이미 상대의 말이 날카로운 칼날이 되어서 당신을 상처 입혔다. 그것도 한 번이 아니라 여러 번.

상상으로는 그들에게 맞서고 싶지만, 막상 이야기를 하라고 하면 표현하지 못한다. 이성은 생존과 안전이 어느 정도 확보되어야 능력을 발휘할 수 있다. 상대의 무시 정도나 협박 수준이 높을수록, 그 사람과 한 공간에 있다는 사실만으로도 긴장되고 불안해진다. 심한 경우는 얼어버릴 수밖에 없다. 감정을 치유하지 않은 상태에서 상대 앞에 서면, 침착하게 표현하기보다 흥분하거나 불안해서 말을 제대로 하지 못하는 이유가 여기에 있다.

두 번째 이유는 분노나 복수의 방식이 상대에게 어떤 영향도 미치지 못할 가능성이 있기 때문이다.

몇 년 전 일이다. 아홉 살 정도 된 남자 아이가 한의원에 왔다. 자신보다 덩치 큰 아이가 자신을 괴롭혀서 속상하고 억울했던 아이는 어느 날 환하게 웃으면서 자랑스럽게 말했다.

"선생님, 제가 드디어 복수했어요!"

"어떻게 했는데?"

"쪽지에 '바보'라고 적어서 그 애 책상 안에 넣어놨어요!"

상대 아이도 아홉 살이니 '바보'라는 쪽지를 보고 화가 났을 수도 있다. 그러나 쪽지가 바닥에 떨어졌을 수도 있고, 책상 안을 보지 않아 발견하지 못할 수도 있는 가능성을 고려하지 못한다.

상담을 하다 보면 상대에게 복수하고 싶다는 분들이 있다. 자신이 갖고 있는 것들을 잃는다 해도 복수를 원하는 분들께는 오죽하면 그럴까 싶어 때로는 복수에 대한 조언을 드리기도 한다.

나의 조언은 간단하다.

"당신이 하고 싶은 복수는 하지 마세요!"

상대가 싫어하는 것을 해야지 복수지, 내가 하고 싶은 것을 하는 게 복수일까? 게다가 잘못된 복수는 더 큰 화를 부른다. 아홉 살 아이가 정말 원하는 것은, 더 이상 친구가 자신을 괴롭히지 않는 것이다. 그런데 그 아이가 누가 썼는지도 모르는 '바보'라는 쪽지 때문에 화가 나서, 늘 괴롭히던 아이에게 분풀이를 한다면?

여기에서 세 번째 이유가 나온다. 사람들은 감정적 이유로 복수하는 순간만 생각하고, 그 이후에 일어날 일에는 대비하지 않는다. 예를 들어 내가 논리적으로 상대를 이긴다고 해서 그가 곧바로 사과하기를 기대해서는 안 된다. 바로 사과할 수 있는 인격을 지닌 사람이었다면, 여러분이 복수하고 싶은 마음을 갖게 하지도 않을 것이다.

그 사람을 이길 힘이 없다면, 그들은 다시 당신을 도발할 것이다. 절대적 힘의 우위에 서지 않으면 싸움에서는 계속 도전이 있을 뿐이다. 그들보다 언어적으로, 심리적으로 폭력성을 키우면 이길 수도 있겠다. 그러나 너무 화가 나서 때리고 싶다고 해서, 정말로 그들에게 폭언과 폭력을 행사할 것은 아니지 않는가?

자신을 인격적으로 대하지 않는 사람과는 싸우지 말았으면 좋겠다. 다음 물음에 답해보라.

"그 사람이 그렇게 행동하고 의기양양해하는 모습이 진실로 좋아 보이는가?", "자녀가 있다면, 그 자녀가 그런 모습으로 살길 바라는가?"

만약 그렇지 않다면, 감정을 앞세워 싸우는 것은 좋은 방법은 아닌 듯하다. 대화는 '이기기 위한 것'이 아니라 '서로 존중하고 소통하기 위한 것'이다. 겉모습만 어른일 뿐 정신 연령이 세 살인 사람과는 대화가 어렵다. 세 살짜리 아이와 싸워서 이긴다고 아무도 그 사람을 승자라고 보지 않는 것처럼, 그들을 말로 이긴다고 해서 남는 게 없다. 대화는 소통 가능한 사람과 하는 법이다.

감정 때문에
대화에 실패해도 괜찮다

아무리 맞는 말이어도 상대가 어떻게 받아들이는지, 말에 어떤 감정을 담고 이야기를 하느냐에 따라 관계는 좋아질 수도 있고 나빠질 수도 있다.

젊은 시절, 나는 고장 난 말을 곧잘 썼다. 본과 1학년 때도 맞는 말을 한답시고 '팩트 폭행'으로 동아리 동기들을 질리게 한 적도 있다. 게다가 나는 그 점을 모르고 분노를 비롯한 부정적인 감정들을 차갑게 드러냈다. 덕분에 2년간 잘 지냈던 친구들 몇몇은 졸업할 때까지 내게 거리를 두었고, 그러다 점점 멀어졌다.

그때 나는 회의주의적이고, 거칠고, 날카로운 사람이었다. 당시 내게서 나온 말은 건강한 말이 아니었을 것이다. 지금도 사람들과 대화할 때 여러 감정을 느끼지만 이전처럼 무턱대고 표현하지는 않는다. 합리적 수준의 말로 표현하는 경우가 많다.

몸이 피곤하면 마음도 쉽게 지치고, 자연스럽게 '친절함' 모드 대신 '짜증' 모드가 된다. 그렇다고 해서 일하는 직원들이 짜증을 들어야 할 이유는 없기에 짜증 모드일 때는 "컨디션이 좋지 않다"고 양해를 구하고 진료실 안으로 나를 격리한다.

하지만 업무적으로 납득이 되지 않는 상황에서는 말에 짜증이 묻어나오긴 한다. 예전에 한 직원이 첫 출근하던 날 한의원에 찢어진 하얀 바지를 입고 왔을 때는, 큰소리를 내진 않았지만 기분 좋게 말하지 못했다. 출근한 지 이틀 만에, 업무를 익히지도 않고 월급을 올려달라고 하는 직원을 봤을 때도 한숨을 쉬며 "이런 태도로는 함께 일하기 어렵다"라고 말한 적도 있다. 무례한 사람을 보면 입을 앙다물고 참을 때도 있는데, 침묵하고 있는 내 얼굴엔 불쾌한 감정이 그대로 드러난다.

누구나 분노를 느낀다. 이것은 부끄러운 것도 잘못된 것도 아니다. 다만 감정을 표현하는 방법이 중요하다. 과거의 내가 고장 난 말을 곧잘 쓰는 사람이었어도, 지금의 나는 합리적으로 할 말을 표현할 수 있다. 당연한 이 사실을 더 많은 사람들이 알았으면 좋겠다.

불안이나 분노 조절을 잘 못하는 사람들은 종종 부정적인 감정을 고통스럽게 받아들이거나 수치스러워한다. 심지어 감정을 느끼는 뇌의 부위만 절제할 수 있다면 그렇게 하고 싶다고까지 말한다. 그럴 때 나는 다음과 같이 말해주곤 한다.

"감정을 느끼는 데 관여하는 뇌의 부위는 편도체죠. 편도체는 분노, 불안과 같은 부정적 감정 외에 행복과 같은 긍정적인 감정을 느끼는 데도 관여합니다. 이 부분이 사라지면 부정적인 감정뿐 아니라 행복감도 느끼지 못하게 돼요. 사랑하는 사람을 보아도, 좋아하는 일을 해도 행복감을 느끼지 못해요. 그렇게 되고 싶으신가요? 게다가 편도체가 없는 사람들도 공포를 느낄 수 있다는 사실이 밝혀졌어요. 불안을 없애자고 몸의 부위를 하나씩 없앨 순 없지 않을까요?"

우리는 감정 조절에 실패해서 하고 싶은 말을 못했거나 잘못 표현했을 때 자괴감, 후회, 답답함 등을 느낀다. 그러나 그렇다고 감정 자체를 싫어하지 않았으면 좋겠다.

기계음처럼 감정이 하나도 들어가지 않은 목소리로 연인에게 "사랑해"라고 말을 하면 그 말이 전해질까? 상대의 무례한 행동에 웃으면서 "이런 행동은 불쾌해!"라고 말하는 것이 단호하게 말하는 것보다 효과적일까? 아닐 것이다. 감정은 내가 느끼고 생각하는 것을 상대에게 잘 전달하기 위해서도 꼭 필요하다.

나는 감정을 조절하기 위해 오랜 시간 동안 많은 방법을 적용했다. 10년 전만 해도 지금처럼 다양한 정보가 없었고 한글로 번역된 책도, 교육의 기회도 적어서 시행착오도 많았다. 물론 시간도 많이 걸렸다. 그러나 지금은 다양한 좋은 방법들을 마음만 먹으면 쉽게 체득할 수 있다.

말 때문에 힘들고 감정 때문에 힘든 일이 많다. 그러나 힘들 때일수록, 방향을 바르게 설정하는 것이 중요하다. 사람들에게 필요한 것은 감정을 느끼지 않거나 참는 방법이 아니지 않는가? 자신의 감정을 적절하게 조절하고, 또 상황에 맞게 잘 표현하는 것이 필요하다.

누구나 단번에
말을 잘할 순 없다

"우리 아이가 천재인가 봐! 따로 한글을 가르치지도 않았는데 글자를 읽어!"

엄마, 아빠의 자식 사랑 특수 필터는 오늘도 아이를 영재로 만든다. 남의 집 아이도 비슷한 속도로 글을 배우는 모습을 보고 는 곧 실망하지만 말이다. 실제로 한글이든 영어든, 유독 언어를 빨리 배우는 아이가 있다.

새로운 언어를 쉽게 배우는 사람들도 있지만, 많은 사람이 새로운 언어를 습득하는 데 애를 먹는다. 영어를 배웠을 때를 생 각해보라. 선생님이 설명해줄 때는 그나마 알 것 같았는데, 막상 외국인과 대화를 한다고 하면 머리가 하얗게 되지 않던가.

아이를 낳으면 부모가 되지만 성숙한 부모가 되는 것은 다른 문제인 것처럼, 대한민국에 태어났으니 한국어를 하는 것은 당연하지만 건강한 대화를 하는 것은 별개 문제다. 그런데 사람들은 한국어를 잘하니까 건강한 대화도 쉽게 할 수 있을 것이라고 생각한다.

"선생님, 왜 이렇게 제 마음대로 말이 안 나오는지 정말 모르겠어요!"

속상하고 답답한 것이 당연하다. 번번이 실수를 하는 것도 당연하다. 기존에 썼던 언어 패턴이 아닌 새로운 언어 패턴을 처음부터 잘하는 사람은 천재에 가까운 사람이다. 아니면, 백조처럼 겉으로는 아무렇지 않은 척하면서 뒤로는 열심히 노력하는 사람일 것이다.

주변을 둘러보면 자신을 잘 표현하는 사람들이 있다. 심지어 어떤 사람은 나보다 나이도 어린데 어찌나 세련되고 부드럽게 표현하는지 부럽기도 하다. 그러나 부러워한다고 해서 갑자기 내 표현력이 늘어나진 않는다. 그들과 비교할수록 오히려 더 위축되고, 더 쉽게 포기하기 마련이다.

조급해하지 말자. 비록 고장 난 말을 하긴 했지만, 항상 사람들과 소통이 안 되었던 것도 아니지 않던가. 자신의 속도대로 하나씩 배워가면 된다.

우리가 건강한 대화를 원하는 이유는 나를 잘 표현하고, 소중한 사람들과 연결되고, 주변 사람들과 잘 소통하기 위해서가 아닐까. 대화는 조금씩 어긋나고 고장 날 수 있다. 건강한 대화를 하지 못할 수 있다. 건강한 대화가 주는 기쁨은 목적지에 도달해야만 느낄 수 있는 것이 아니라 과정에서도 느낄 수 있다. 초기에는 표현이 서툴러서 오해받고 버럭 화를 낼 때도 있지만, 이를 바꾸기 위한 노력이 모이면서 건강한 대화의 횟수가 늘어날 것이다. 그러니 지금 하고 있는 대화가 마음대로 되지 않는다고 해서 너무 속상해하지 말자.

오늘 누군가에게 화냈을 수도 있다. 차분하게 말하고 싶었는데, 또 흥분했는지도 모른다. 오늘만은 상대의 이야기를 잘 들어주겠다고 마음먹었지만, 또 자신의 이야기만 하고 왔을 수도 있다. '한마디라도 해봐야지'라고 생각했지만, 결국 한마디도 못 하고 왔을지도 모른다.

세상에 고장 난 말을 하고 싶은 사람은 없다. 오늘 당신이 한 고장 난 말 때문에 누군가가 상처받았을 수도 있지만, 동시에 스스로도 실망스럽고 힘들었을 것이다. 실수했다고 자책하지 않아도 괜찮다. 결과가 좋지 않다고 해서 소통하고 싶은 진심이 거짓이 되진 않는다.

오늘 누구와 대화를 했는지, 얼마나 실수투성이였고 불만족스러웠는지는 상관없다. 그냥 그런 자신을 두 팔로 가만히 안아주자. 토닥토닥 등을 두드리며 "괜찮아! 수고했어!"라고 이야기를 해주면 좋겠다.

다른 사람들이 진심과 노력을 몰라준다고 해서 자신마저 자신을 외면하지 않았으면 좋겠다. 3분에서 5분 혹은 그 이상, 필요하다고 느껴지는 만큼 자신을 안아주고 위로해주면 좋겠다. 자존감은 비난과 비판이 아닌 사랑과 믿음을 통해 성장한다.

누군가의 말이
나를 아프게 한다면

마음에
박힌 말을
이제는 빼냅니다

고장 난 말은
뇌에 상처를 남긴다

"너는 왜 그 모양이야? 이 정도 잔소리는 다들 듣고 자라는 거야.
왜 그렇게 유별나니?"

비난을 받으면 마음은 아프지만, 잘되라고 한 말이기도 하
거니와, 시간이 지나면 자연스럽게 잊을 수 있을 것이라고 여기
고 괜찮다고 생각하는 사람들이 있다. 게다가 말로 인한 상처는
눈에 보이지 않는다. 가슴을 칼로 찔린 듯한 아픔, 머리를 망치로
세게 맞은 듯한 느낌을 받지만 이는 그저 느낌이라 여긴다. 그런
데 최근 연구 결과에 따르면 언어 폭력이 느낌을 넘어 실질적 고
통을 준다는 사실이 밝혀졌다.

하버드대학교 의과대학 연구진과 국내 연구진의 공동 연구

에 따르면, 언어 폭력은 뇌에서 감정과 언어를 담당하는 영역(백질)을 줄어들게 한다. 지속적으로 언어 폭력을 당하면 말을 하거나 이해하는 능력이 떨어지고, 우울, 불안이 생길 위험도 크다는 결과가 나왔다. 심지어 스트레스 호르몬인 코르티솔이 과다 분비되고 교감 신경계가 과도하게 활성되어 신체 질환까지 유발한다.

불안과 우울 장애를 가지고 있던 주미 씨는 '잉여인간'이다. 30대 초반이 되었는데도 직장이 없다. 형식적으로는 시험을 준비하고 있지만, 주미 씨가 하루에 공부할 수 있는 시간은 한두 시간도 되지 않는다. 주미 씨의 부모님은 그런 주미 씨를 볼 때마다 속이 뒤집어진다.

"네가 하는 게 뭐가 있어? 너 때문에 창피해 죽겠어!"

다혈질인 엄마는 분노를 주체하지 못하고 온갖 비난의 말을 퍼부어댄다. 그래도 주미 씨는 그 정도는 괜찮다고 말한다.

"저희 엄마, 지금은 예전보다 많이 나아요. 예전에는 물건을 던지고 욕을 하고 분이 풀릴 때까지 저를 때리기도 했어요. 얼마나 무서웠는데요. 이렇게 말씀드리면 그렇지만, 그때 엄마는 정말 미친 사람 같았어요."

어린 시절부터 늘 들어왔던 소리이고, 그나마 예전보다는 덜하다는 것이다. 게다가 '이 나이 먹도록 아무것도 못하고 있기 때문에' 자신이 감당해야 할 부분이라고 한다. 다만, 친구 모임에라도 다녀온 날이면 엄마의 비난은 더 격해지는데, 그때는 견디기 힘들어서 죽고 싶은 마음이 든단다.

노란 고무줄을 한 번 세게 잡아당겨도 고무줄은 끊어지지 않는다. 그러나 반복해서 강하게 잡아당기면 어떻게 될까? 탄성 한계를 넘은 고무줄은 끊어지게 마련이다. 마음도 그렇다. 처음 충격을 받을 때는 상대적으로 빠르게 회복할 수 있지만, 폭언을 반복해서 들으면 회복할 겨를도 없이 끊어져버린다. 특히 주미 씨처럼 어린 시절부터 만성적으로 신체적·언어적 폭력에 시달린 경우라면 더욱 그러하다.

고무줄과 마찬가지로 회복탄력성을 잃어버린 마음에도 건강한 상태를 기대할 수 없다. 그러나 보이지 않는 마음에 대해서 사람들은 주미 어머니처럼 생각한다.

"솔직히 주미야, 너 하는 게 없잖아? 네가 일을 해, 뭘 해? 엄마, 아빠가 도대체 널 언제까지 뒷바라지해야 해?"

언어 폭력이 마음에 얼마나 깊은 상처를 남길 수 있는지 몰랐던 주미 씨는 자신이 부족하거나 이상해서 남들보다 더딘 인생을 살고 있는 것이 아님을 알 필요가 있었다. 회복을 하기 위해 정서적으로 강한 스트레스를 유발하는 요인과 분리되는 것이 좋지만, 당장은 그럴 상황이 아니었다. 기한을 정해두고 독립 계획을 세우면서, 과거에 상처받은 기억을 EFT로 지우고 치유했다. 한결 마음이 편해진 주미 씨는 처음으로 10시간 넘게 집중해서 공부를 했다고 말했다.

　　다른 사람들보다 더 많은 노력을 했는데도 평균적인 학업
이나 일을 수행하는 것이 어렵다면 그 사람이 부족해서가 아니
다. 그의 마음에 큰 상처가 있는 것이다. 그래도 희망이 있다면
상처는 치유할 수 있고 치유하면 된다.

고장 난 말을
수리하는 말

다른 사람의 비난, 인격 모독적 언사를 듣고도 아무렇지 않은 것
이 '쿨한' 것이라면, 나는 그런 쿨함은 없는 것이 낫다고 생각한다.

"살 좀 빼! 그러니까 시집을 못 가지!"

"일 똑바로 못해? 그러면서 월급 받아가고 싶냐?"

설사 과체중이고 결혼하지 않았더라도, 일을 잘하지 못할지
라도, 저런 말을 들을 이유는 전혀 없다. 그리고 이런 이야기에
불쾌한 감정을 느끼는 일 또한 당연하다. 반대로 생각해보자. 고
장 난 말을 하는 사람에게 "그런 당신은 인성이 바닥이고 자기밖
에 모르는 이기주의자야!"라고 말한다면, 그 사람은 정말 아무
렇지 않을까?

　자신의 삶의 방식과 기준을 마치 사실과 정의처럼 생각하고, 다른 사람을 함부로 비난하고 비판하는 사람들이 있다. 문제는 그런 사람들에게 고장 난 말을 계속 듣다 보면 그게 사실이 아닐지언정 머릿속에 점점 깊이 자리 잡아 사실처럼 느껴진다는 것이다.

　'그래, 내가 살이 찌긴 했지. 날씬했을 땐 더 예뻤는데……. 진짜 그래서 결혼을 못하는 걸까?'

　'어쨌든 업무를 제대로 못 하는 건 사실이잖아?'

　그러나 이런 때일수록 우리는 현명하게 생각하고 선택해야 한다. 누군가 돌을 던져 맞는 사람이 있다면, 던지는 사람의 잘못이지 맞는 사람의 잘못이 아니다. 고장 난 대화 역시 고장 난 말을 한 사람의 잘못이지 고장 난 말을 들은 사람이 부족하거나 잘못한 것이 아니다.

　하버드대학교 심리학교 교수였던 로젠탈은 초등학교 교장 선생님인 야콥슨과 함께 미국의 한 초등학교에서 학생들을 대상으로 실험을 했다. 무작위로 뽑은 20퍼센트 학생들 명단을 교사들에게 주며, 그 아이들은 지능이 높으며 학업 성취도가 높을 것이라고 말했다. 8개월 후 학생들의 성적을 살펴보니, 그 명단에 있는 학생들이 다른 학생들보다 지능뿐 아니라 성적의 평균 점수가 높았다.

　로젠탈 교수는 이 실험을 통해 사람들은 자신을 긍정적으로 기대하고 지지한다는 것을 알 때 더 좋은 성취도를 보인다는 것을 발견했다. 이를 '로젠탈 효과'라고 한다.

상대가 좋은 의도로 자신을 대하는 것을 느끼면 사람들은 로젠탈 효과로 정서가 안정되고 내적으로 성장한다. 그러나 고장 난 말은 정서적으로도 상처가 될 뿐 아니라 언어를 표현하는 뇌 영역에도 좋지 않은 영향을 주며 긴장, 불안, 신체 증상까지 동반한다. 실제로 업무 능력이 점차 떨어져 점점 스티그마 효과 stigma effect* 대로 흘러간다. 즉 좋지 않은 환경에 있으면 사람은 그 영향을 받을 수밖에 없다.

물론 고장 난 말을 듣는 사람도 변화를 위해 노력해야 할 부분이 있다. 하지만 모든 문제를 그 사람의 탓으로 돌릴 순 없다.

우리가 소속되어 있는 직장 내 관계, 친구 관계를 생각해보자. 냉담하고 비판적인 분위기에서 사람들은 긴장하고 힘들어한다. 무엇을 해도 비난받거나 미움을 받는 환경에 처해 있다면 '학습된 무기력'으로 인해 더 주눅들 수밖에 없다. 상황의 책임을 남에게 돌리는 '남 탓'도 나쁘지만, 자신이 잘못하지 않은 것까지 자기 탓을 하는 '내 탓'도 좋진 않다. 비난은 밖으로 향하든 안으로 향하든 사람의 마음에 상처를 남길 뿐이다.

● 스티그마 효과: 낙인 효과labelling effect라고도 불린다. 하워드 S. 베커 교수는 낙인 효과를 바탕으로 낙인 이론labelling theory을 제창했다. 주변의 부정적인 평가나 편견에 노출될 경우, 실제로 그 평가나 편견에 일치하는 방식으로 행동하여 결과적으로 기존의 부정적인 평가와 일치하는 행동과 상황이 발생하는 것을 의미한다.

마음의 여유가 있어야
진심도 보인다

다른 사람의 말에 상처받은 적이 있는 사람들은 "난 그 사람을 이해할 수가 없어요", "저런 말을 하는 사람의 속마음이 궁금해요"라고 말하곤 한다.

처음에는 환자들에게 이러한 얘기를 들었을 때 사람들이 정말 상대의 진심을 알고 싶은 줄 알았다. 그래서 나의 역할 중 하나는 발화자의 진심을 파악해서 전해주는 것이라고 여긴 적이 있었다. 경험이 쌓이면서 이해하고 싶은 대상의 말도 마음의 여유가 있어야 들을 수 있다는 사실을 알게 되었다.

사람들은 가족, 친구, 직장 동료와 같이 정서적으로 가까운 사람들에게 상처를 받았을 때 그들을 이해하고 싶어한다. 기대

할 가치도 없는 사람이 공격적인 말을 했을 때는 굳이 이해하려
고 하지 않는다. 그저 악질 상사나 진상 고객을 만났을 때처럼
그 상황을 모면하고 싶은 형식적인 욕구가 있을 뿐이다.

물론 악질 상사나 진상 고객도 처음부터 그런 사람이 아니
었을 것이다. 그들에게도 사정은 있다. 다만, 그 사정을 굳이 우
리가 이해해줄 필요는 없다. 오히려 그 상황에서 제일 이해받아
야 하는 사람은 피해를 받은 우리인 경우가 많다. 따라서 우리는
자신을 보호하고 대변하는 방법을 배워야 한다.

그렇다면 가까운 사람의 말은 어떻게 이해해야 할까. 우리
에게 상대의 꼬인 말을 제대로 알아들을 수 있는 능력이 있다면
상처를 덜 받긴 할 것이다. 친구, 연인, 부부 사이에도 쉽게 듣고
쉽게 하는 말이 "아, 귀찮아! 나 건드리지 좀 마!"다. 상황마다 다
르겠지만, 이 말 속에는 '지금 나 힘들어(혹은 피곤해)' 또는 '몸과
마음을 가누기가 힘들어서 나도 모르게 폭발할 것 같아. 당신에
게 화내고 싶지 않아. 그러니 감정을 식힐 수 있도록 시간을 줄
래?' 같은 진심을 담고 있는 경우가 많다.

진정 상대의 마음을 이해하고 싶다면 다음 방법을 적용해보
는 것도 좋다.

내가 TV 드라마 작가가 되었다고 가정해보는 것이다. 나는
역할 A이고, 나에게 상처를 주는 말을 하는 사람이 역할 B로 등
장한다. A가 처한 상태와 그의 심리 상태에 대해서 나는 너무나

잘 알고 있다. B의 행동에 대해서도 알고 있다. 드라마 속 인물을 창조하는 드라마 작가로서 B가 왜 그런 행동을 하는지 한번 생각해보자.

B의 성장 과정에서 애착 장애나 분리 불안, 언어 폭력 등의 상처는 없었나? 정서적으로 건강하게 성장했는가? 그 사람은 지금 환경적으로 스트레스를 받고 있지 않은가?

B는 어떻게 배려하고 위로해야 하는지 모를뿐더러, 당장 자신이 너무 힘들어서 누군가를 배려하고 신경 쓸 여유가 없을 것이다. 오히려 자신이 혼자가 되었고 배려받지 못한다고 생각할지도 모른다. 그래서 결국 거칠게 표현하고 행동했을 것이다.

A의 입장이 아니라 B의 입장을 더 이해해보려고 마음을 쓰면, B의 마음이 조금은 이해된다. 이 과정이 상대의 행동을 정당화하기 위한 것이 아님을 기억하라. 또한 상대를 이해한다고 해서 자신의 상처를 외면하거나 축소해서도 안 된다. 이 과정은 상대의 의도가 고의적이거나 악의적인 것이 아니라는 것을 깨닫기 위함이다.

상대의 마음을 이해하게 된 사람들은 다음과 같이 말한다.

"오빠보다 저는 부족하고 못하는 게 많아요. 그래서 부모님은 저에게 기대도 없고, 저를 싫어하시는 줄 알았어요. 어렸을 때부터 워낙 '오빠는 저렇게 잘하는데 넌 왜 이러니?', '도대체 쟤는 누굴 닮아서 저런지' 같은 소리만 들었으니까요. 그런데 생각해보니, 부모님께서 말은 그렇게 하셔도 늘 제가 하고 싶은 것을 할 수 있도록 해주셨네요."

"최근 김 과장님 표정이 계속 어두웠어요. 늘 어떤 일이든지 잘해내시고, 실수를 해도 좋게 말씀하시던 분이 갑작스럽게 화를 내셔서 더 상처가 컸거든요. 과장님도 사람이고 힘들 수 있는데……. 왜 그 생각을 미처 못 했을까요?"

모든 관계에서 상대를 이해할 필요는 없다. 그러나 정서적으로 가까운 사람들의 마음은 이해해볼 가치가 있다. 그 사람들은 자신의 감정과 생각을 건강하게 표현할 수 있는 방법을 배우지 못했을 뿐, 진심으로 우리가 아프고 괴로워하길 바라는 것이 아니기 때문이다. 사랑하는 이들을 위해서도, 그리고 자신을 위해서도 그 마음을 살펴볼 필요가 있다.

어제의 상처가
오늘을 망가뜨릴 때

사람들은 좋은 직업을 가지고 경제적으로 여유로우면 스트레스를 받지 않거나 정서적인 문제가 없을 거라 생각한다. 하지만 의외로 대기업에 다니거나 전문직에 종사하는 사람들 중에 자기 효능감이 낮은 사람들이 꽤 많다.

잘하는 것이 당연하고 못하는 것에 대해서는 지나치게 엄격하며, 누군가가 칭찬해줘도 믿지 못하고 예의상 하는 말이라고 생각한다. 심한 경우 삐딱하게 행동한다. 신뢰하는 사람이 자신을 인정해주면 좋아하는 반면, 언제 자신에게 실망하게 될지를 걱정한다. 그들은 다른 사람들의 장점은 잘 찾지만, 자신의 장점을 잘 찾지 못하고 단점은 쉽게 찾는다.

만약 자신이 이런 사람이라고 여겨진다면, 다음의 질문에도 답해보자.

"시험을 쳤는데 모든 문제 중 단 한 문제를 틀렸고, 1등을 했다. 어떻게 반응할 것인가?"

칭찬을 하면 의아한 반응을 보이는 사람이 있다. 쑥스러워하거나 어색해하는 것이 아니라 신경질을 내거나 화를 내는 경우다. 왜 이런 일이 일어나는 걸까?

앞의 질문으로 돌아가보자. 대부분의 사람들은 자신의 성적에 대해 만족하고 기뻐할 거라고 답한다. 그러나 1등을 했는데도 한 문제를 틀렸다는 사실이 용납되지 않는 사람들이 있다. 이들에게는 선생님이나 부모의 칭찬도, 친구들의 부러움도 중요하지 않다.

기억을 되짚어보면, 학창 시절에 성적이 좋은데도 시험을 못 봤다고 울던 아이들을 본 적이 있을 것이다. 그런 모습을 보고 '쟤, 왜 저래?'라고 생각하며 재수 없다고 표현하는 경우도 많았을 것이다.

대부분의 사람들은 주 양육자가 자신을 대하는 방식으로 삶의 기준과 준거를 만든다. 자신에게 엄격하고 자기 효능감이 떨어지는 사람들은 타고난 완벽주의적 성격 때문일 수도 있지만, 섬세한 성격의 아이들이 성장 과정 속에서 적절한 지지와 위로, 격려를 받지 못한 경우가 더 많다. 욕심 많은 아이들의 경우라면 성장 과정 속에서 적절한 지지와 인정을 받지 못할 때 이러한 성향이 더 강화된다.

민준 씨는 지금이야 잘나가는 대기업에서 동기 중 제일 빨리 승진을 했지만, 처음부터 모든 것이 빠르진 않았다. 학창 시절, 부모님은 공부에 필요한 지원을 많이 해줬지만 원하는 결과만큼 나오지 않자 아쉬워했다. 전교에서 30등을 했을 때 민준 씨는 기뻤지만, 부모님은 그저 떨떠름하게 "잘했다"라고만 말씀하셨다.

학교와 주변 사람들의 칭찬도 있었지만, 부모에게 인정받지 못하고 있다는 생각 때문에 민준 씨는 늘 위축되어 있었다. 졸업하고 사회인이 되어 회사에서 인정을 받아도 늘 불안하고 자신이 부족한 사람처럼 느껴졌다.

전교 1, 2등은 늘 할 정도로 영미 씨는 공부를 잘하는 학생이었다. 공부가 자신감의 전부는 아니지만, 전교 1, 2등을 하는 아이들이 가지고 있는 자신감이 영미 씨에게는 없었다. 그녀는 전교 1등을 해도 자신이 부족하다고 생각했다.

"우리 학교 애들이 공부를 안 해서 제가 1등을 할 수 있는 거예요."

겸손이라고 생각하기엔 자존감이 너무 낮아 보이는 영미 씨에게는 공부 잘하는 언니가 있었다.

"여덟 살 때였어요. 받아쓰기 시험을 봤는데 95점을 받은 거예요. 저는 하나 틀려서 기쁜 마음에 엄마에게 시험지를 보여줬어요. 엄마는 어떻게 하나를 틀릴 수 있느냐고 말했어요."

영미 씨 엄마도 엄마 역할이 처음인지라 그럴 수밖에 없었 겠지만, 첫째가 너무 순하고 학업에 뛰어나다 보니 동생도 당연 히 그럴 것이라고 여기셨던 것 같다. 그러나 여덟 살의 영미 씨 에게 엄마의 반응은 충격적이었다. 영미 씨는 생각했다. '아, 틀 리면 안 되는 거구나!'

엄마는 늘 친구들에게 영미 씨 언니가 얼마나 공부를 잘하 는지를 이야기했다. 심지어 언니와 같은 초등학교, 중학교를 다 녔는데 학교 선생님들도 똑같았다.

"네가 찬미 동생이니? 너도 공부 잘하겠다."

영미 씨는 늘 언니의 그림자 속에 살았다. 잘하면 당연한 것 이고, 조금이라도 못하면 부족한 것이었다. 언니를 넘어서고 싶 어서, 엄마에게 인정받고 싶어서 독하게 공부했다. 전교 1등을 하면 달라질까 했지만, 전교 1등을 해도 여전히 자신이 부족하 게만 느껴졌다. 차라리 언니가 못된 사람이면 좋겠는데, 성격까 지 좋다 보니 더더욱 마음 둘 데가 없었다. 공부에 대한 강박, 완 벽에 대한 강박으로 제대로 쉬지도 못하고 공부를 했지만 늘 마 음은 불안했다.

학업이 전부가 아닌데, 학업에 의미를 많이 부여하는 부모 밑에서 자란 자녀들은 1등이나 100점이 아니면 비난을 받거나 외면당하거나 혼이 나는 경우가 많다. 그리고 안타깝게 그 상처는 민준 씨처럼 학업으로 끝나는 것이 아니라, 직장 생활로 이어진다. 특히 남자들의 경우에는 아버지의 인정이 자기 효능감에 큰 영향을 미친다.

"아버지는 저보다는 늘 제 사촌동생을 더 대견스러워했죠. 아버지가 이루고 싶었던 명문대 진학, 유학, 대기업 입사……. 그 꿈들을 그 동생이 이루었거든요."

석준 씨는 불성실하고, 아무 일도 안 하는 한량도 아니었다. 중견기업에서 좋은 조건으로 일을 하고 있고, 성격도 좋아 주변 사람들과도 잘 어울리며, 투자에도 꽤 소질이 있어서 경제적으로도 안정적인 생활을 누리고 있었다. 아버지 덕분에 외국어 공부도 꽤 많이 해서 3개 국어를 능숙하게 할 수 있을 정도였다. 하지만 아버지는 석준 씨에게 카톡 한 번, 전화 한 번 하는 것을 어려워하셨다. 석준 씨가 잘해도 칭찬은커녕 부족한 점만 이야기하셨다. 석준 씨는 회사에서 일을 잘했기에 남들보다 승진도 빨랐지만, 늘 '내가 정말 잘하고 있는 걸까? 왜 이렇게 나는 자신감이 없지?'라는 생각에 빠지곤 한다.

과거의 상처는 현실을 왜곡한다. 부정적인 피드백뿐 아니라 긍정적인 말을 들어도 곤혹스러워하고 힘들어하는 이가 있다면, 그 사람의 마음에 상처가 있다는 의미다. 비난을 두려워하는 사람이 더 많은 비난을 하는 것과 비슷하다.

"너는 어떤 모습이든 괜찮아, 난 네가 자랑스러워, 널 사랑해"와 같은 지지와 위로가 필요한 때가 있다. 이때 침묵, 비난 등을 지속적으로 받으면, 누군가가 진심을 담아 따뜻하게 대해줘도 그 진심을 믿기 힘들어진다.

배움에도 늦은 때가 없듯이 치유에도 늦은 때는 없다. 우리에게는 자신의 가치에 대해 잘못 인식하게 만들었던 생각을 바꾸는 치유 작업이 필요하다.

오랜 시간 동안 인정받지 못하고, 부족하다고 느끼며, 작은 것에 만족하지 못한 순간이 얼마나 불안하고 외로웠나? 지금이라도 그런 자신을 안아주자. 자신에게 말해주자.

"많이 힘들었지? 얼마나 외로웠어? 이제는 더 이상 엄마, 아빠가 심어준 기준대로 살지 않아도 돼. 너는 예전에도, 지금도 충분히 괜찮은 사람이야!"

아파한 시간 이상으로 위로받고 지지받아도 될 만큼, 우리는 모두 귀하고 소중한 사람이다.

때로는
대화하지 않는 것도 방법

앞뒤가 꽉 막힌 사람들이 있다. 돌이켜보면 나도 누군가에게는 그런 사람이었는지도 모른다. 내가 옳다고 믿는 것을 지키고자 하는 행동이 고지식하고 고리타분하게 보였을 테니 말이다.

말이 안 통하는 대상에게 대화를 기대하는 것만큼 괴로운 일은 없다. 심지어 공자님도 "소인배는 가까이 하지 말라"라고 하지 않으셨던가. 다만, 실제로 그들과의 대화를 포기하기 전에 몇 가지만 생각해보자. 정말 그들은 말이 안 통하는 사람이 맞는 걸까? 아니면 지금 내가 그럴 준비가 되지 않은 걸까?

말이 통하지 않는 사람들도 분명 존재한다. 그러나 그들보다 소통하자니 정서적으로 에너지가 너무 많이 들어 지치는 경

우가 더 많다. 혹은 그 사람으로 인한 상처가 커서 굳이 대화하
거나 관계 회복을 하고 싶지 않은 경우도 꽤 있다.

"우리 엄마, 아빠는 절대 변하지 않아요!"라고 말하는 아이
들이 있다. 실제로 상담을 하다 보면, 부모님이 전혀 바뀌지 않았
다기보다 그 변화가 아이들이 기대하는 수준에 미치지 못하는
경우가 많다. 아이들도 평소에 비해 화를 내지 않으려고 아빠 또
는 엄마가 노력하고 있다는 것을 안다. 그러나 결국 어떤 이유로
든 부모님이 화를 내면, 아이들의 기대감은 실망감으로 바뀐다.
그리고 아이들은 마음을 닫아버린다.

다시 용기를 내어, 자신의 내면에 있는 부모에 대한 응어리
진 감정이 풀리면 그제야 나만큼이나 부모님들도 노력하고 있
다는 것이 보인다. 이는 다른 관계에서도 마찬가지다. 부모나 다
른 사람들은 우리처럼 자신의 감정을 조절하고, 적절하게 표현
할 수 있는 방법을 접할 기회가 적거나 없었던 경우가 많다. 그
래서 심한 경우 공감하고 우호적인 행동을 보여도, 속으로는 좋
아하면서 겉으로는 어색해하며 화를 낸다. 하지만 지속적으로
긍정적인 자극을 주면 그들 역시 더 노력하고 변화하려고 한다.

자신은 변할 수 있다고 생각하지만, 자신에게 상처를 준 사
람은 변하지 않을 것이라고 생각하는 사람들이 꽤 있다. 실제로
쉽게 변화하지 않는 사람들도 있지만, 이럴 때 한 번만 바꿔 생
각해보자. 그들 입장에서는 나도 '여전히 바뀌지 않는 사람'일

수 있다. 그래서 서로 마음의 문을 닫고 '왜 나만 노력해야 해? 나만 억울해!'라고 생각할 수도 있다. 그러나 내가 변할 수 있는 것처럼 그들도 변할 수 있다. 내가 대화를 할 수 없는 것은 '지금의 그 사람'일 뿐이다. 미래의 그 사람은 어떻게 변화할지 알 수 없다.

물론 시간이 지난다고 해서 두 사람이 무조건 변하는 것은 아니지만, 시간이 흐르는 동안 감정은 가라앉고 다양한 방법으로 배우고 성장할 수 있다.

어렸을 때는 부모님의 말과 행동을 이해하지 못해서 반발심과 원망이 컸지만, 막상 부모가 되어보니 부모님을 조금은 이해할 수 있게 되었다고 말하는 사람들이 꽤 많다. 이렇듯 시간은 동일한 상황에 대해서도 달리 이해할 수 있는 기회를 준다. 이때 능동적으로 자신의 감정을 치유하고 좀 더 나은 표현 방법을 연습한다면 시간은 우리 편에 서서 더 많은 소통과 화해의 기회를 줄 것이다.

또한 대화가 안 될 때 무조건 대화를 이어가서 문제를 해결하려 들지 않았으면 좋겠다. 지금이 대화를 할 때가 아닐 수도 있으며, 현재 그 사람이 우리와 대화하기 힘든 상태일 수도 있다. 어쩌면 우리가 준비가 안 되었을지도 모른다. 모든 것에는 적절한 때가 있다.

말이 아니라
감정이 문제

상담을 하다 보면, 갈등 상황에 처했을 때 상황을 모면할 '특별한 말'을 찾는 사람들을 만난다. 그 말을 저마다의 방법으로 찾을 수는 있겠지만, 문제는 실전에서 그 말이 생각만큼 효과를 발휘하지 못한다는 점이다. 대화에서 생기는 많은 문제의 원인은 말 자체가 아니라 그 밑에 깔린 감정이기 때문이다.

사람들은 불편한 상황에 맞닥뜨리면 자신의 감정을 억누르며 참거나 상황을 회피하거나 감정적으로 반응한다. 해소되지 않은 감정은 억압해도 드러나기 마련이다. 머리로는 당당하게 이성적으로 자신의 의견을 피력하고 싶다고 생각한다. 하지만 막상 갈등이 일어났을 때는 불안, 수치심, 분노와 같은 감정들 때

문에 아무 말도 못하거나 본래 의도와 다른 방식으로 표현하거
나 감정적으로 표현해버리는 일이 많다. 다들 지나치게 화를 내
거나, 상대의 말에 아무 말도 못하고 수긍만 했던 적이 있을 것
이다.

이러한 상황에서 벗어나려면 상황에서 거리를 두고 객관적
으로 살펴 자신의 감정을 조절하고 상처를 치유하는 방법이 필
요하다.

먼저 나를 힘들게 하는 사람과 내가 TV에 나왔다고 가정해
보자. 그리고 제삼자의 입장에서 자신과 그 사람의 대화를 바라
보자. 상대가 무례한 사람일 수도 있다. 아니면 양쪽 다 상대에게
무례하게 행동하고 있을지도 모른다. 그것도 아니면 내가 혹은
상대가 지극히 평범한 말과 행동을 곡해하고 있는지도 모른다.

자신의 의사를 충분히 표현하지 못했다고 자책하거나, 혹은
상대에게만 문제가 있다고 탓하지 않고 객관적으로 자신을 보
자. 현상을 객관적으로 봐야 치유할 것은 치유하고, 상대방에게
요청할 것들은 요청할 수 있다.

이때, 상대가 나에게 실수한 뒤 그에 대해 사과한다고 해서
상처가 바로 치유되지는 않는다는 사실을 명심하면 좋겠다. 또
한 자신의 잘못을 상대에게 사과하고, 상대가 용서해 상황이 마
무리됐더라도 남아 있을 자신의 죄책감과 수치심을 다독이는
과정이 필요할 수도 있다.

빈 의자 기법은 상황을 객관화시키고 묵은 감정을 풀 수 있는 방법 중 하나다. 의자나 소품을 활용하면 더 좋다. 의자 두 개를 준비한다. 한쪽 의자는 '나'이며, 다른 한쪽 의자는 '갈등 대상'이다.

먼저, '나'를 의미하는 의자에 앉는다. 상대에게 하고 싶었으나 하지 못했던 말, 혹은 충분하게 하지 못했던 이야기들을 해보라. 솔직하게 충분히 표현한다.

둘째, '상대'의 자리에 앉아, 상대가 되었다고 가정한다. 그리고 앞서 내가 한 말에 대한 답변을 해본다.

셋째, 앞선 두 과정을 반복하면서 양쪽의 속마음을 표현하고 알아차린다.

이 과정을 반복하다 보면, 상대의 입장을 이해하게 됨으로써 좀 더 쉽게 나의 감정을 해소할 수 있다.

빈 의자 기법이 다소 어렵게 느껴진다면, 다음의 방법을 적용해도 좋다. 내가 경험한 일을 내 친한 친구가 겪어서 힘들어한다고 가정하자. 그 친구가 나에게 위로와 조언을 구한다면, 어떻게 말할 것인지 떠오르는 대로 종이에 적는다. 기록한 내용을 녹음해서 자신에게 들려주면, 그 말이 스스로에게 작은 위로가 되어 응어리진 감정이 풀리곤 한다.

만일 상대에 대한 감정의 골이 너무 깊어 그 사람을 상상하기도 싫은 정도라면 EFT나 배치플라워(배치플라워는 영국의 의사 배치 박사가 만든 자연 치유법. 두려움을 완화시키고 싶다면 미뮬러스^{Mimulus} 꽃을 사용하는 등, 다양한 꽃을 통해 사람이 느끼는 여러 부정적인 감정들을 치유해주는 방법)와 같이 감정 자체를 직접 완화해주는 방법을 선행하거나 병행하는 것이 더 좋다.

이렇게 다양한 방법으로 상대에 대한 감정을 완화시키면, 우리는 갈등 상황에서 조금 더 나은 방법을 찾고 더 나은 대화를 해나갈 수 있다.

욕하면서
닮지 않도록

우리는 유전적으로 부모의 외적 특성을 닮는다. 이는 정신과 행동에서도 마찬가지다. 삶을 살아가는 방식을 주 양육자인 부모님을 통해 배워왔기 때문이다. 그래서 어느 순간 내 모습에서 내가 가장 싫어하는 부모의 모습을 발견하기도 한다.

어린 영진 씨의 눈에 비친 엄마는 늘 화가 난 모습이었다. 돌이켜 생각해보면 엄마는 무관심하고 무능한 아빠 때문에 아이들 키우랴, 집안일 하랴, 농사 지으랴 늘 바빴다. 농사일도 가사일도 육아도 아무것도 도와주지 않던 아빠가 술이라도 드시고 오는 날이면, 집에는 큰소리가 나곤 했다. 그런 날이면 영진 씨와 동생은 특히 쥐죽은 듯 조용히 있었다. 자칫 엄마 눈에 띄기라도 하면 엄마의 분노가 고스란히 어린 영진 씨에게 쏟아졌기 때문이다.

"너희들 때문에 못 살아! 자꾸 이러면 엄마 너희 두고 집 나갈 거야"라고 울분을 내뱉는 엄마를 보며 어린 영진 씨는 늘 두려움에 떨었다. 혼나는 것도 무섭고 맞는 것도 아팠지만, 정말 엄마가 어디론가 도망이라도 갈까 봐 그게 가장 무서웠다.

영진 씨가 중학생이 되어서도 엄마의 레퍼토리는 비슷했다. 마음속으로는 "지겨워, 자꾸 이럴 거면 제발 좀 이혼하고 나가!"라는 소리를 몇 번이나 외쳤는지 모른다. 아빠와 다투거나 일이 힘들 때마다 영진 씨와 동생에게 부정적인 감정을 쏟아붓는 엄마가 너무나 싫었다.

엄마는 "결혼해서 너랑 똑같은 딸 낳아봐!"라고 말할 때마다 영진 씨는 '난 엄마 같은 엄마는 절대 안 될 거야!'라고 다짐하고 또 다짐했다. 그러던 어느 날 남편이 말했다. "당신 그거 알아? 애한테 하는 모습 보면 어머님이랑 똑같아!" 영진 씨는 너무나 큰 충격을 받았다. '내가 가장 싫어한 엄마의 행동을 내가 우리 아이에게 하고 있다고?'

일상생활 속 행동과 의사결정의 95퍼센트를 이성이나 의식이 아닌 무의식이 결정한다는 인지과학자들의 연구 결과처럼, 아무리 이성적인 사람이라 할지라도 무의식, 감정의 영향을 받기 마련이다. 영진 씨 역시 예외는 아니었다. 엄마와의 관계에서 영진 씨가 받은 스트레스가 너무 컸기에 방어기제인 '투입'이 작

동될 수밖에 없었다. 투입은 부모와 같이 다른 사람들의 기준이
나 행동을 그대로 받아들여 그것이 좋든 나쁘든 자신에게 적용
하는 것을 말한다. '욕하면서 닮는다'가 투입을 설명하는 대표적
인 말이다.

물론 사람들은 정서적으로 성장한다. 영진 씨도 자녀들에게
마냥 못하지는 않았을 것이다. 문제는 부모의 변화 정도가 자녀
의 기본 욕구 수준과 맞아 떨어지지 않을 수도 있다는 점이다.

사회적 유전은 한 세대가 이전 세대로부터 물려받은 사고방
식, 표현 방식, 삶을 살아가는 태도 등을 자신의 삶에 녹여내는
것이다. 특히 전쟁이나 식민 지배 같은 극단의 트라우마 속에서
생존한 세대들의 경우 이와 같이 아픔이 더 강하게 대물림된다.
지금 세대는 '보릿고개'라는 단어가 와 닿을까? 아이들의 세대
는 절대적인 물질적 결핍의 세대가 아니라 상대적 결핍의 세대
인지라, 부모 세대처럼 "내가 너라면 이 정도에도 감사하겠다"
라는 말이 크게 와닿지 않는다.

또한 부모 입장에서는 자신이 받아보지 못한 것, 경험하지
못한 것을 시도할 때 막막함이 크다. 양육서나 대화법 책에 나온
것처럼 공감을 해주고 부드럽게 말을 했을 때, 아이가 책에 나온
것처럼 반응할 때도 있지만, 그렇지 않을 때도 있다. 너무나 당연
한 일인데도, 받아보지 못한 것을 해주는 입장에서는 서운함과
속상함이 클 수밖에 없다.

그러나 생각해보라. 어떤 이유로든 너무나 화가 날 때, 주변 사람들이 공감해줘도 여전히 그 감정이 남아 있어서 얼마 안 지나 또 그 일로 화를 내지 않던가? 아이들도 그러하다. 부모가 자기 마음을 알아주려는 것을 몰라서가 아니라, 그 상처가 커서 좀 더 그 마음을 다독이고 치유할 시간이 필요할 뿐이다.

또한 트라우마가 클수록 생존 본능이 강하기 때문에 사람들은 타인이 잘해준 것보다 잘해주지 못한 것들을 더 쉽게 기억한다. 열 번 잘해줘도 한 번 못하면, 그 못한 것이 더 먼저 떠오를 때가 있지 않던가? 항상 생명은 생존이 우선이다. 먼저 상대가 못해준 것에 대한 감정이 커지고, 그 후에 전두엽(이성)이 작용해서, 잘해준 것을 나중에 떠올릴 뿐이다.

우리는 부모 세대에게 나쁜 것만 물려받지 않았다. 그러나 분명 나의 세대에서 멈추어야 할 것들이 있다. 그중 하나는 '아픔의 대물림' 또는 '아픔의 되갚음'일 것이다. 나도 모르게 내 자녀들에게, 혹은 약해져가는 부모에게 우리의 상처를 안타까운 방식으로 표현한다. "그런 모습이 싫다, 그렇게 하지 않을 것이다"라고 다짐하지만, 대물림도 되갚음도 한 번에 멈추기는 어렵다.

사실 어느 부모도 자기 자녀를 화풀이 대상, 감정의 쓰레기통으로 만들고 싶어하지 않는다. 자녀도 부모에게 화풀이를 하고 마음이 편하지만은 않다. 두 세대 모두 자신의 감정을 어떻게 풀어내어야 할지 모를 뿐이다.

아픔의 대물림, 되갚음을 하고 있다는 것을 알아차린다면, 그 행동을 멈추기 위한 실질적인 노력을 해야 한다. 방어기제가 작동할 만큼 큰 스트레스라면 정서적 치유가 선행되어야 한다. 동시에 새롭게 대처할 방식을 배워야 한다.

자녀에게 감정적으로 화풀이하는 것이 싫다면, 화를 건강하게 해소하는 방법을 배워야 하고, 상대를 원망하고 탓하는 것이 싫다면 상황에 대해 적절한 책임을 지는 방법을 배워야 한다. 주변 사람들에게 무관심한 것이 싫다면, 자기 방식대로 관심을 갖고 표현하는 방법을 배워야 한다.

그리고 이러한 노력을 상대가 알아주지 않는다 할지라도, 그것은 상대가 나를 사랑하지 않기 때문이 아니라, 환경 차이, 배움 차이, 세대 차이라는 것을 기억하자. 앞으로 가족의 형태와 삶의 방식은 달라질 것이다. 그러나 이 시도와 노력은 결국 아픔의 대물림과 되갚음을 멈출 뿐 아니라, 그 이면에 있는 가족 간의 유대와 믿음, 사랑을 다시 이어주고 공고하게 해줄 것이다.

나부터
나를 챙기자

나는 직업 특성상 사람들에게 행복한 이야기보다 상처받고 힘들었던 이야기를 더 많이 듣는다. 저마다 상황과 경험은 다르지만, 자존감이 낮고 자존심이 높을수록 다양한 이유로 자신을 자책하고 비난한다는 점은 비슷하다.

사람들은 자신이 겪은 괴로운 이야기들과 함께 자신이 세상에서 부족하고 못난 이유에 대해서도 말한다.

'직업이 형편없어', '일(공부)을 잘 못해!', '가난해!', '너무 말랐어(혹은 뚱뚱해!)', '못생겼어!', '성격이 안 좋아!'

저런 생각을 할 때 얼마나 괴로울지는 알지만, 나는 저 이유 때문에 정말 그들이 못난 존재가 된다고 생각하지 않는다. 직업이 얼마나 형편없는지 모르지만, 훨씬 거친 일을 하면서도 만족하며 살아가는 사람들을 봤기 때문이다. 일을 얼마나 못하는지 모르지만, 전문직, 회사의 임원, 사장들도 같은 고민을 한다. 또한 일을 잘 못한다고 생각하는 사람은 의외로 직장에서 일을 잘하는 축에 속하는 경우도 많았다. 성격이 좋지 않다고 하는 사람들도 마찬가지다. 적어도 그들은 자신이 문제가 있다는 것을 인식하고 변화하려고 하지 않는가?

많은 사람이 자신의 장점을 보지 못하고 단점만 본다. 이는 성장 과정에서 양육자의 의도치 않은 말과 행동으로 기인한 경우가 많다.

브루스 립튼은 《허니문 이펙트》에서 부모의 행동과 말이 아이에게 어떠한 영향을 주는지에 대해 말한다. EEG electroencepha-logram 검사로 2~6세 아이들의 뇌파를 관찰해보면 주로 세타파가 관찰되고 알파파, 베타파는 거의 관찰되지 않는다. 세타파는 최면 상태에 관찰되는데, 이 뇌파가 많이 나타나면 상상력이 풍부해져서 상상과 현실이 구분하기 어려워진다.

또한 정보를 선별하여 논리적으로 사고하도록 도와주는 알파파와 베타파가 아직 나오지 않기 때문에, 외부 자극을 가려서 받아들이는 것이 아니라 곧이곧대로 받아들이기도 한다. 즉, 엄마나 아빠가 "너 때문에 못 살아!", "너 자꾸 말 안 들으면 엄마 집 나간다!", "너 계속 이렇게 속 썩이면 쫓아낼 거야!"라고 말할 때 아이는 부모가 그저 속상해서 하는 말이라는 것을 알지 못한다. 말 그대로 받아들이기 때문에, 부모의 의도와 달리 아이들은 정서적인 충격을 받고 공포에 빠지고 만다. 실제로 어린 시절 엄마가 자신을 두고 도망갈까 봐 유치원을 가지 않으려고 했던 사람들도 만난다.

아이가 뛰다가 다쳐서 속상한 마음에 부모가 "넌 왜 이렇게 조심성이 없어!"라고 혼을 내면, 아이들은 이 말을 여과 없이 받아들여 자신을 부족하고 못난 존재로 인식하기도 한다. 아이들은 다양한 정보를 흡수해야 하기 때문에, 그러한 자극들을 빨리 봉인할 뿐이다. 그래서 당장은 영향이 크게 나타나지 않을 뿐이지, 부정적인 정보가 수정되지 않으면 무의식에 고스란히 자리 잡아 자아상을 형성하고 살아가는 데 영향을 준다.

나는 잘못된 거짓의 허울에서 벗어나 진실을 되찾고자 할 때, 그 방편으로 용서라는 단계가 필요하다고 생각한다. 자신을 비난하고 부족하다고 여기는 이유 중에 정말 타당한 이유가 있긴 할까? 나는 사람들에게 "사랑하는 사람이 그러한 상태라면 '넌 비난받아도 돼!'라고 말하실래요?"라고 묻는다. 그리고 그때마다 내가 들었던 대답은 "아니오"다. 그렇다면 그 이유로 스스로를 비난할 까닭도 없지 않을까?

부모라 할지라도 나를 다른 이들과 비교하고 비난하는 행동은 옳지 않다. 그러나 그 표현 의도가 나를 정말 괴롭히려고 한 것은 아니지 않은가. 잘못된 표현을 준거로 스스로를 평가한다면, 그것이야말로 가장 비극적인 일이 아닐까 싶다. 비극을 멈추려면 잘못된 기준이 아무리 익숙해도 바꾸어야 한다. 다음과 같은 말로 자기 용서를 시작해보는 것도 도움이 될 것이다.

"사랑하는 나야! 다른 사람도 아니고 나마저 나를 그렇게 비난해서 더 힘들었지? 얼마나 아프고 외로웠어? 그때는 그 말들이 진실인 줄만 알았어. 너무 오랫동안 너를 잘못된 시선으로 바라봐서 미안해. 정말 미안해. 이제는 너의 아픔도, 잘못된 생각도 치유하고 바로 잡을 거야. 너는 부족하지 않아. 너의 잘못이 아니야. 너는 충분히 사랑스럽고 멋진 사람이야! 이제는 너의 편이 되어 너를 더 많이 아껴주고 사랑할게."

말로 생긴 상처,
말로 치유하는 법

다양한 심리, 자기계발, 치유 서적에서는 사람들의 상처를 치유하거나 생각을 전환할 수 있는 방법을 소개한다. 특정 책만 읽고 따라 하면서 효과를 보는 이들도 있다. 하지만 10년간 일반인을 대상으로 자기 치유 방법을 소개해온 내 경험을 바탕으로 볼 때, 많은 이들이 그 방법을 다 이해하지 못하는 경우가 많다.

　나도 그러한 사람 중의 하나였기에, 잘 모르는 부분을 직접 배우러 국내외를 다니곤 했다. 2012년에는 세계적으로 유명한 영성 지도자인 루이스 헤이의 워크숍에 참석하기 위해 미국의 애리조나주를 방문했다. 마침 나는 그때 루이스 헤이의 저서 중 《삶에 기적이 필요할 때》라는 책을 번역하고 있었다.

워크숍 중 특히 감동적이었던 실습이 있었다. 바로 '확언으로 상처를 치유하기' 실습이었다. 내가 번역한 책에 실려 있어서 너무나 잘 알고 있었지만, 막상 실제로 체험했을 때의 느낌은 너무나 달랐다.

방법은 아주 간단했다. 부모님 중 한 분을 선택해서 그분에게 듣고 싶었지만 듣지 못했던 말을 다섯 개 이상 목록으로 작성하게 했다.

예를 들어 "엄마(아빠)가 그때 너에게 화를 내서 미안해! 엄마(아빠)는 우리 딸(아들)을 정말 사랑해!", "많이 힘들어? 그래도 엄마(아빠)는 우리 아들(딸) 믿어! 잘 해낼 수 있어!", "좀 못하면 어때? 우리가 있잖아", "칭찬 한마디, 위로 한마디 못해줬는데, 제대로 해준 것도 없는데…… 이렇게 잘 자라줘서 고마워" 식으로 작성한다.

다 작성하면, 파트너가 부모를 대신해서 이 글을 4, 5분 정도 반복해서 읽어준다. 그런데 저 평범한 말을 반복할수록, 듣는 사람들은 눈물을 글썽이다가 마침내 엉엉 울고 만다.

나중에 한국에 돌아와 이 방법을 적용해보았는데, 다소 감정을 표현하는 일이 어렵게 느껴질 기업 강의에서도 눈물을 참거나 터뜨리는 분들이 꽤 있었다.

"아빠는 늘 오빠가 우선이었어요. 제가 100점을 받아도 칭찬을 해주신 적이 없었죠. 하지만 오빠가 90점을 받아오잖아요? 그날은 치킨에 피자에, 오빠가 좋아하는 것을 잔뜩 사주셨죠!"

나미 씨는 사춘기가 되기 전까지는 아빠의 마음에 어떻게
든 들고자 공부도 더 열심히 하고, 애교도 부렸다고 한다. 그러나
보수적인 아버지는 "여자가 공부 잘하면 뭐 해! 시집이나 잘 가
면 되지!"라며 칭찬을 해주지 않았다. 나미 씨는 더 악착같이 공
부했다. 아빠의 생각이 틀렸다는 것을 보여주고 싶었다. 그 덕에
나미 씨는 당당히 명문 대학을 졸업하고, 좋은 직장에 자리를 잘
잡았다. 그러나 오빠는 20대 후반이 되어도 공무원 시험을 준비
하고 있었다.

"통쾌했죠, 잠깐은…… 심지어 아빠가 저를 인정해주기 시
작했어요. 어렸을 때, 그렇게 바랐던 칭찬도 해주고요. 그런데 선
생님, 왜 하나도 기쁘지 않죠?"

남들이 보기에는 승승장구하고 있었지만, 나미 씨의 마음속
에는 '뭘 해도 사랑받지 못하는 어린 나미'가 존재하고 있었다.
그 상처를 치유하기 위해 여러 가지 시도가 필요했는데, 그중 하
나가 바로 이 방법이었다.

"아빠는 우리 나미를 진심으로 사랑해. 아빠 말이 우리 나미
를 그렇게 아프게 할 줄 정말 몰랐어. 많이 서운하고 속상했지?
아빠가 정말 미안해! 하지만 나미야, 아빠에게는 나미가 공부를
잘하든 못하든 사랑스러운 딸이야! 그건 진심이야!"

반복되는 말에 나미 씨는 펑펑 눈물을 흘렸다.

왜 저 평범한 말이 사람 마음을 울리는 걸까? 당연한 일일지
도 모른다. 사람들은 상대의 말에 상처를 받았기 때문이다. 표정

이나 행동은 명확히 드러나지 않을 때도 있다. 하지만 말은 뚜렷이 밖으로 드러나기 때문에 심각한 상처를 입히는 경우가 많다. 그래서 상대에게 듣고 싶었던 진심 어린 말이, 말로 받은 상처를 조금씩 치유한다.

늦었다 해도 전해져야 할 진심이 있다면 그 마음이 전해져야 상처의 치유가 시작된다. '시작'이라는 표현에 유념했으면 좋겠다. 누군가 때문에 10여 년을 상처받았다고 해서, 회복에 10년이라는 시간이 걸릴 필요는 없지만, 5분으로 그 긴 시간의 아픔을 지우는 것은 불가능하다.

자신이 얼마나 괜찮은 사람인지 충분하게 더 표현해주고 안아줄 필요가 있다. 특히 오랜 시간 동안 스스로 '가치 없다, 부족하다, 못났다, 사랑받을 자격이 없다'고 느꼈다면 더욱더 충분한 위로와 치유의 시간이 필요하다.

또 하나, 말로 치유할 때 유념해야 할 것이 있다. 우리의 말과 생각은 단순한 더하기, 빼기로 셈할 수 없다.

사람들 앞에서 "야, 너 일 이따위로 하고 밥이 넘어가? 너 바보야? 신입이 해도 너보단 더 잘하겠다!"라는 말을 들었다고 가정하자. 그 말을 단 한 번만 떠올리는 사람은 거의 없다. 수십, 수백 번을 곱씹으며 괴로워한다. 우리 마음에 말의 가시가 깊이 박힐수록, 그것을 빼는 데 더 많은 시간과 에너지가 필요하다.

부정적인 생각을 하나 없애기 위해 다섯 번의 긍정적인 생각이 필요하다고 한다. 이를 '5배의 법칙'이라고 한다. 좋지 않은 생각을 곱씹은 것의 다섯 배 정도를 스스로에게 해주는 것이 필요하다.

사람들의 말이 크고 작은 가시가 되어 우리 마음을 아프게 한다면, 치유의 말로 그 가시를 부드럽게 빼주어야 한다. 마음 치유는 머리가 아니라 마음에서 비롯된다. 머리로 아는 것이 마음으로 전달되어야 고통이 멈춘다.

우리에게는
안전 거리가 필요하다

모든 관계에는 정서적 거리가 존재한다. 그러나 이 정서적 거리를 측정하는 기준은 사람마다 다르다.

어린 시절 오빠가 초등학생인 나에게 이런 질문을 던진 적이 있다.

"넌 친구가 몇 명이야?"

난 당연히 "우리 반 애들 모두!"라고 답변했다. 그러나 오빠는 모든 아이가 나의 친구는 아니라고 했다. 당시 오빠에게 친구란 정서적으로 깊게 연결되는 존재를 의미한 것 같았다.

나는 그때부터 관계에 대한 정의가 사람마다 다를 수 있다는 사실을 알게 되었다. 그리고 상담을 하면서 이 깨달음은 다른 질문을 가져왔다. 가까운 사람들에게 상처를 받고 아파하는 사람들을 보면서 궁금해졌다.

"도대체 사람들 사이에 어느 정도 거리가 가까운 사이고, 그렇지 않은 사이인 것일까?"

"또 일반적인 관계에서 정서적 거리를 어느 정도 유지하는 것이 좋을까?"

"심리적으로 가까운 사이가 정말 관계의 좋고 나쁨의 척도가 되는가?"

경력이 쌓이면서 어느 정도의 거리가 좋은 관계의 척도가 되는지에 대한 모범 답안은 없다는 사실을 알게 되었다. 적당한 거리에 대한 규정은 '개인의 선택, 가치관'이기 때문이다. 그러나 몇 가지 명확한 기준들이 생기기도 했다.

심리적으로 가까운 것이 항상 좋은 관계를 의미하는 것이 아니며, 누군가에게 서운함을 느끼고, 상처를 받고 있다면, 적정한 안전 거리를 유지하는 것이 필요하다는 것도 알게 되었다. '가까운 사이'는 긍정적인 영향도 쉽게 받지만, 그만큼 부정적 영향도 쉽게 받을 수 있는 거리이기 때문이다.

가족관계도 그렇다. 미애 씨는 부모님이 다투는 모습을 보고 싶지 않았고, 번번이 엄마의 잔소리를 듣는 것도 싫었다. 독립을 계획했고 어렵게 해냈다. 처음에는 마냥 좋았다. 그러나 시간이 지나면서 애틋한 마음이 들어서 집에 내려가게 되었다. 그런

데 웬걸. 엄마가 안쓰러운 마음은 온데간데없고, 또 엄마의 잔소
리에 짜증만 잔뜩 내고 말았다.

"아, 됐어! 나 집에 갈래!"

자취방으로 돌아온 미애 씨는 '잘하고 올 걸' 하고 후회했다.

미애 씨와 같은 사람들이 은근 많다. 붙어 있을 땐 별것 아닌
일에 투덜대고, 때로는 과할 정도로 다투지만, 또 떨어져서 못 보
게 되면 애틋해진다. 부모와 자식 간에 갈등이 심하면 나는 가끔
공간적 분리, 독립을 권한다. 아무리 가족이라 할지라도 넘어서
는 안 될 수준의 대화나 행동이 오간다면 독립을 고려해야 한다.
거리를 두는 것은 서로를 향해 휘두르는 날카로운 말이 줄어들 뿐
아니라 서로의 상처를 치유하는 데도 더 효과적이기 때문이다.

친구 사이나 연인 사이처럼 가족이 아닌 다른 관계에도 거리
두기가 필요할 때가 있다. 소중한 사람과 상처를 주고받는 일이
반복될 때 관계 회복에 상당히 도움이 된다.

공간적 거리는 관계를 객관적으로 바라볼 기회도 준다. 간
혹 친구 관계에서 거리 두기를 통해 만남을 줄였을 때, 오히려 편
해지는 경우도 있다. 상담을 통해 자존감이 높아지게 되면, 어떤
이들은 지인 몇몇과 자연스럽게 멀어진다. 자존감이 낮은 상태
에서 상대에게 끌려 다니거나, 무시당하면서도 친구라는 이유로
관계를 이어갔거나, 외로움 때문에 어쩔 수 없이 만나는 관계였
다면 더욱 그러하다. 이런 관계는 적어도 지금은 이전의 거리보
다 떨어진 거리가 좋을 수도 있다.

연인들의 갈등을 들여다 보면 다른 관계들처럼 비슷한 문제로 싸우고 또 싸운다. 그러나 연인 사이는 다른 관계에 비해 거리를 두는 일을 훨씬 두려워한다. 거리를 두면 이별로 이어질 것 같은 두려움을 느낀다. 그러나 서로를 이해하고 아끼기 위해 거리를 두고 자기 내면을 살펴보지 않는다면, 거리를 두지 않아도 결국 싸워서 헤어지기 마련이다. 갈등이 심해질 때 거리 두기를 고려하되, 연인 관계에서는 거리 두기의 이유와 기간을 대략이나마 합의하는 것이 좋다.

주의할 점도 있다. 거리 두기는 짧은 10~20분부터 몇 달까지 상황에 따라 기한이 다른데, 거리 두기만 한다고 해서 문제가 해결되지 않는다. 거리를 두어서 관계가 회복될 만큼 문제가 단순하지 않은 경우가 더 많기 때문이다. 따라서 공간적으로 분리된 상황에서, 그 사람과 관계에 어떤 문제가 있는지 살펴볼 필요가 있다.

공간적 거리 두기는 상대와 좋은 관계일 때도 도움이 된다. 한번은 지인이 "제 친구중 한 부부는 여름휴가를 각자 다른 곳으로 다녀와요! 그게 그 부부의 좋은 금슬의 비결이래요"라고 말한 것이 생각난다. 당연한 것이 없다는 것을 알면서도, 상대가 늘 곁에 있는 게 당연하게만 느껴진다. '든 자리는 몰라도 난 자리는 안다'고 하지 않던가. 잠시 떨어져 있는 것은 빈자리의 소중함을 느끼게 만든다.

우리 부부가 사이가 좋은 이유에도 적절한 거리 두기의 영향이 있다. 여름휴가를 따로 가진 않지만, 각자 업무상 매년 해외 출장을 갈 일이 있다. 각기 다른 업무로 다른 나라로 가다 보니, 자연스럽게 1년에 20~30일 정도는 떨어져 지낸다. 한번은 내가 네덜란드에 다녀오고 남편이 베트남을 가게 되어 한 달 동안 서로 10일도 보지 못한 적도 있다. 남편이 출장에서 다녀오는데, 얼마나 반가웠는지 모른다.

고슴도치는 몸에 가시가 5,000개 정도가 있다고 한다. 소중한 이가 다치지 않도록 고슴도치는 더 섬세하게 서로의 거리를 유지한다. 어느 정도 가까이 가면 아프고, 또 어느 정도 멀리 떨어지면 아쉬운지 조심스레 가늠한다.

사람들의 관계도 마찬가지 아닐까. 적절한 거리에 대한 감각을 유지하며 서로를 소중하게 대할 때 관계는 건강하게 오래 유지된다. 소중한 상대를 위해, 그리고 소중한 나를 위해 서로의 거리를 잘 존중해주자.

대화의 흐름에서
길을 잃었다면

네 번째 수리서

나의 속도로
말하는
연습을 합니다

자존감에 대한
잘못된 생각

직장에는 직장인이 흔히 말하는 '또라이 법칙' 속 또라이와 남들의 비난에도 끄떡없는 자존감 높은 사람이 있다. 많은 사람들은 또라이보다 자존감 높은 사람이 되길 바란다.

"그 사람 정말 부러워요! 팀장이 말도 안 되는 꼬투리를 잡아도, 침착하게 조목조목 설명하고 설득하는 거 있죠?"

"저희 회사 김 대리, 정말 '멘탈'이 '갑'이에요. 남들이 욕을 하든 말든 신경도 안 써요. 저도 김 대리처럼 되고 싶어요."

대부분의 사람들은 자존감이 높으면 부당하거나 불편한 상황에 잘 대처하고, 스트레스에 잘 견딘다고 믿는 것 같다. 그러나 자존감은 모든 상황을 이겨내는 무적의 방패가 아니다.

　과연 자존감이 높은 사람이 자존감이 낮은 사람보다 스트레스에 잘 견딜까?

　상미 씨네 사장은 화병으로 인해 직원은 물론 손님에게도 소리를 질러대곤 했다. 물론 사장에게도 나름 사연이 있다. 사기를 당해 수억 원의 빚을 얻은 뒤부터 분노 조절 장애가 생겼다. 직원들 입장에서는 사장이 언제 어떻게 소리를 지르고 화를 낼지 모르니 너무나도 무섭고 괴로웠다. 그런데 상미 씨는 그런 사장을 봐도 개의치 않을뿐더러 스트레스도 크게 받지 않았다. 다른 직원들은 그녀가 어떻게 아무렇지 않은지 너무 궁금했다. 대답은 의외였다. "어른인데 저렇게 말도 안 되는 이유로 화를 내는 게 웃기잖아요."

　남들에게 문제 상황으로 보여도, 상미 씨에게는 문제 상황으로 보이지 않았던 것이다. 자존감이 높은 사람이 스트레스를 잘 참는 게 아니라, 문제 상황을 다른 사람들에 비해 덜 힘든 상황으로 받아들이기 때문이다.

　스트레스 수준을 1부터 10까지 놓고 보았을 때, 자존감이 낮거나 만성적인 스트레스로 힘들어하는 사람에게는 스트레스 강도 7의 일도 10 정도의 강한 스트레스로 인식된다. 반면 자존감이 높은 사람에게는 스트레스 강도 7의 일도 3 정도로 인식된다. 애초에 큰 스트레스가 아니기 때문에 아무렇지 않은 것이다.

　부당한 일이 일상적으로 일어나고 언어 폭력이 난무하는 직장에서 일해야 할 때도 있다. 소라 씨는 겁이 많고 내성적이며 유한 성격의 사람이다. 소라 씨의 상사는 자존심만 높고 안하무인인 상사로, 월급은 적게, 일과 야근과 비난은 많이 준다. 상사의 고정 래퍼토리는 "여기서도 적응 못 하면 사회에서 아예 적응을 못 할 것이다! 너 이쪽에서 일 못 하게 해줄까!"라는 뻔한 협박이다. 소라 씨는 이런 상황에서 명백하게 스트레스를 받고 있었지만, 자신의 능력 부족과 소심한 성격 때문이라고 생각하며 자책했다.

"제가 자존감이 높다면, 이런 대접을 받지 않겠죠?"

자존감이 높은 사람이라면 스트레스를 덜 받을 것이다. 그러나 그 이유가 단순히 자존감이 높아서는 아니다. 자존감의 구성 요소에는 자신이 어떤 일을 잘 해낼 수 있을 것이라는 믿음인 자기 효능감이 포함된다. 문제가 발생하면 자기 효능감이 높은 이들은 적절한 기준과 목표를 세워 그 문제를 극복하려는 노력을 한다. 그럼에도 상황이 바뀌지 않는다면, 굳이 그런 회사에서 일을 하지 않고 다른 회사로 이직할 것이다. 자존감이 높다는 것은 자신의 개선점과 환경의 개선점을 구분할 수 있다는 뜻이기도 하다.

자신을 비인격적으로 대하는 스트레스 상황에서 잘 버티고 건강한 대화를 하는 것이 높은 자존감의 기준도 아니라는 점도 기억하면 좋겠다. 자존감에 대한 잘못된 인식 때문에 힘들어할 필요는 없다.

　간혹 자존감이 높으면 그 상태가 평생 유지될 것이라고 생각하는 사람이 있다. 그러나 한번 높아진 자존감이 계속 그 상태를 유지하는 것이 아니다. 자존감은 마음의 면역력과 같다. 면역력이 높은 사람이 덜 아프고 더 빨리 회복되지만, 어떤 상황에서도 아프지 않다는 의미는 아니다.

　강도 높은 스트레스나 좋지 않은 환경에 오랫동안 노출되면 자존감도 떨어지기 마련이다. 다만 자존감이 높을수록 상대적으로 유연하게 상황을 받아들이거나 아픔을 잘 표현해서 스스로 잘 회복하는 것뿐이다. 자존감을 높이고 싶다면 다른 사람과 자신을 비교하지 말고 자신에 대한 비난을 멈추는 것부터 시작해보자.

나의 감정은
단순하지 않다

지금 이 순간, 우리는 어떤 감정을 느끼고 있을까? 내가 지금 느끼는 감정이 무엇인지 이름을 붙일 수 있는가?

　"지금은 아무렇지 않아요."

　"그런데, ○○ 님 지금 호흡이 짧고, 몸이 경직되어 보이네요. 정말 괜찮으세요?"

　호흡과 몸의 상태를 관찰한 것을 표현해주고, 그 후 천천히 호흡을 하게 하면, 그제야 자신이 긴장한 것을 알아차리는 사람들이 있다. 만성적인 긴장 탓에 웬만한 긴장은 긴장으로 인식조차 못하는 것이다. 스트레스가 크지 않은 상황에서 지낸다면, 이 또한 큰 문제는 아니다. 하지만 우리는 일상 속에서도 크고 작은 자극에 매일 노출된다.

사람들이 감당할 수 있는 스트레스의 한계가 10이라고 하면, 그들은 이미 5~7 정도의 긴장 상태에 있다. 그러다 보니 별것 아닌 2~3 정도의 스트레스만 더 받아도 강도 높은 스트레스를 받는 것과 같은 반응을 보인다. 문제는 자신이 봐도 별것 아닌 일에 큰 반응을 보이니 혼란스러울뿐더러 자신의 상태를 제대로 모르니 대비조차 할 수가 없다.

이는 당연한 결과일지도 모른다. 예전에 청소년 특강을 하러 갔던 적이 있다. 아이들이 알고 있는 감정 단어들을 칠판에 적었는데, 20개도 안 되었다. 감정 단어가 적힌 카드를 주면 그 감정이 무엇인지는 알지만, 평소에 자신의 감정을 다양한 단어로 표현하지 않으니 20개도 떠올리지 못했던 것이다.

우리 역시 아이들과 마찬가지다. '짜증' 한 가지 감정 단어로 다양한 감정을 대변해버린다. '배고파서 짜증 나. 잔소리 들어서 짜증 나. 다른 애가 마음에 안 들어서 짜증 나. 소음이 들려서 짜증 나. 졸려서 짜증 나. 공부가 잘 안 돼서 짜증 나. 일이 많아서 짜증 나. 내 마음을 친구가 몰라줘서 짜증 나. 약속이 깨져서 짜증 나. 혼자 있는 이 시간이 짜증 나.'

맥락상 불편한 점이 있다고 추측할 수 있지만, 어떤 때는 내가 왜 짜증이 나는지 자신도 모를 때가 있다. 자기도 모르는 마음을 다른 사람이 어떻게 이해하고 나와 소통할 수 있을까.

불안도 그렇다. 불안 증상을 지닌 사람들에게 불안할 때 인식되는 반응을 물어보면 '심장이 터질 것 같다', '심장이 튀어나올 것 같다'고 대답한다. 심장이 두근거리는 증상을 호소하는데 이 증상은 우리가 꼭 불안할 때만 느끼는 것은 아니다. 물론 큰소리, 폭력, 시험, 번지 점프, 개 등 자신이 두려워하는 대상이나 상황에서 공포를 느낄 때도 사람은 심장이 두근거리지만, 공포 영화를 보거나 놀이기구를 탈 때 스릴을 느끼는 상황에도 심장이 두근거린다. 그뿐일까? 사랑에 빠질 때도 심장은 두근거린다.

떨림 반응은 불안할 때만 나오는 것이 아니라 분노할 때도 나타날 수 있다. '치가 떨린다'는 말을 들어본 적이 있을 것이다. 생각보다 많은 사람이 직장에서 부당한 행동을 하는 상사 앞에서 치가 떨려 부르르 떠는 것을 분노가 아닌 불안으로 잘못 인식한다. 꼭 정서적인 상태만 심장을 두근거리게 하는 건 아니다. 카페인을 많이 섭취해도, 잠을 충분히 못 자도 심장은 두근거린다. 겉으로 보기에는 동일한 떨림 증상이지만 이렇게 이유가 다양하다. 그러나 자신의 감정을 제대로 인식하는 연습을 못 하는 사람일수록, 심장의 두근거림을 단순한 불안으로 여긴다. 어떤 감정을 느끼면서 심장이 두근거렸는지 살피는 것이 아니라, 심장이 두근거리니 불안하다고 여기는 것이다.

떨림의 원인이 분노인데 불안으로 착각하거나 두근거림의 그 이유를 모르게 되면, 주변에서 사람들이 "괜찮아, 이젠 안심해도 돼!"라고 말을 해도 편안해지지가 않는다. 위로를 해주는 상대 입장에서도 당황할 수밖에 없다.

하버드 의과대학원과 매사추세츠 종합병원 정신의학과와 엑스선과 의사인 리사 펠드먼 배럿은 《감정은 어떻게 만들어지는가》에서 감정 표현에 서툰 사람에게 감정 단어를 학습하는 것을 권한다. '기분 좋다', '더럽다'와 같이 단순하게 감정을 인식하기보다 '행복하다, 충만하다, 기쁘다, 불편하다, 속상하다, 억울하다, 걱정된다, 외롭다, 수치스럽다' 등 다양한 단어로 표현할 수 있도록 평소에 잘 쓰지 않는 다양한 단어를 최대한 많이 학습하길 권한다.

또 비슷해 보이는 감정의 차이도 학습해보길 권한다. 연구에 따르면 한 가지 감정을 다양한 뉘앙스로 표현하면 감정 조절이 필요한 경우에 30퍼센트 이상의 융통성을 발휘하고, 스트레스를 받아도 과음을 덜 했으며, 마음의 상처를 입힌 사람들에게도 보복을 덜 했다고 한다.

예일대 감정지능센터에서 초등학생을 대상으로 한 연구를 했다. 감정 단어에 대해 20~30분 동안 지식을 넓히고 감정 단어를 사용하는 시간을 갖도록 했다. 그 결과 사회적 행동과 학업 성적이 모두 향상되었다.[*]

자기 감정을 알고 섬세하게 인식하게 될 때, 정서적 스트레스 완화에 도움이 될 뿐 아니라, 자기 마음을 더 정확하게 전달할 수 있게 된다. 감정 일기와 섬세화 연습을 해보는 것도 도움이 된다.

● 《감정은 어떻게 만들어지는가》, 리사 펠드먼 배럿 저, 최호영 옮김, 생각연구소

감정을 섬세하게 만드는 감정 일기

1단계

불쾌, 분노, 수치심, 질투 등 인터넷에서 감정 단어를 검색해보라. 평소에 잘 사용하지 않는 감정 단어의 의미를 생각해보고, 그 단어를 내가 어떤 경우에 쓸 수 있는지 생각해본다.

2단계

하루에 세 가지 정도, 자신이 느꼈던 상황에 대한 감정을 적어보자. 가급적이면 긍정적인 상황 두 가지 정도, 부정적인 상황 한 가지 정도를 적는 것을 권한다. 육하원칙에 따라 오늘 겪었던 일에 대해 사실만 적고, 그때 어떤 생각을 했고 어떤 행동을 했으며, 어떤 감정을 느꼈는지를 적어보자.

3단계

감정 일기를 적은 후, 이번에는 감정을 섬세하게 표현해보는 연습을 하자. 분노를 예로 들면 '기분이 나쁘다/거슬린다/불쾌하다/가슴이 답답하다/화가 난다/뚜껑이 열린다/질투심이 느껴진다/복수하고 싶다/응징하고 싶다' 등 다양한 단어로 표현할 수 있다. 자기 감정을 좀 더 섬세하게 표현해보라. 이때, 한 가지 감정이 아닌 여러 가지 감정으로도 표현할 수 있다. (예: 서운하고 실망스러웠다)

자신이 원하는 것을
얼마나 알고 있는가

분명 내 마음인데 내 마음을 모를 때가 있다. 우울감과 외로움, 불안감과 분노는 과연 어디에서 오는 건지 알 수가 없다. 그래서 자신의 행동도 조절하기 힘들 때가 많다. 예를 들어 상대가 나쁜 의도를 갖고 한 행동이 아니라는 사실을 알아도 자신도 모르게 신경질을 내버린 경험은 모두가 있을 것이다. 차라리 상대가 나에게 까칠하게 굴거나 나쁘게 대했으면 하는 생각도 든다. "그 사람이 나에게 나쁘게 행동해서 내 기분이 안 좋아"라는 이유라도 댈 수 있기 때문이다.

하루는 '꼰대'에 대해 남편과 대화를 나누었다. 꼰대의 특징

중 하나로 자신의 옛이야기를 하면서 "우리 땐 이랬어! 요즘은 상황이 얼마나 좋아졌는데 이 정도 가지고 유난이니"라는 식으로 말하는 게 있다. 이 말은 말처럼 단순하지 않다. 그들은 자신에 대해 모르는 사람들에게, 특히 세대 차이로 자신이 이해 못 하는 사람들에게 '나는 이런 과정에서 살아왔다'라는 정보를 준다. 물론 정보만 주진 않는다. '내가 이렇게 힘들게 살았으니, 이제는 제대로 대접받을 차례야. 그때 나를 좌지우지했던 상사나 어른보다 많은 것을 바라지도 않고, 또 내가 너희를 심하게 대하지도 않으니까 내가 원하는 정도는 해야 해!'라는 메시지를 동시에 전달한다.

꼰대에게 "꼰대가 되고 싶은가? 자신이 꼰대라고 생각하는가?"라고 묻는다면 그들은 아니라고 할 것이다. 꼰대도 형식적 존중이 아닌 진정한 존중과 소통을 바란다. 그러나 그들은 자신이 왜 다른 사람들의 말에 쉽게 발끈하고, 또 다른 사람들을 하대하는지 스스로 생각해보지 않는다. 그저 선배들이 했던 행동들을 따라하고 있을 뿐이라 여기고, 오히려 자신은 선배들보다 더 후배들에게 잘해주고 있다고 믿는다. 자신이 진정으로 원하는 것을 생각해보지도 않는다. 또한 내면에 있는 자신의 인정 욕구를 적절하게 표현하고 있는지 고려하지 않는다. 그저 부하 직원들이 자신이 어떻게 표현하든 제대로 알아듣고 행동하길 바랄 뿐이다.

원하는 것을 모르고 싫다고만 말하는 사람들과 대화하는 일은 쉽지 않다. "뭘 먹고 싶어?"라고 물었는데 "짠 것도 싫고, 매운 것도 싫고, 그렇다고 담백한 것도 싫은데……"라고 답하면, 상대를 존중해주고 싶어도 존중해주기가 어렵다. 다른 사람에게 선택권을 넘긴 후에 결과가 만족스럽지 않으면 탓하는 일은 상대에게 상처를 주고, 자신에게도 불만족감을 줄 뿐이다.

"내가 정말 원하는 것이 무엇일까? 어떻게 하면 더 행복해질까?" 같은 질문을 스스로에게 던져보라. 자신이 원하는 것을 알아야 대화뿐 아니라 관계의 균열을 막을 수 있다.

이를 위해 나는 사람들에게 종이와 펜을 이용해서 자기 마음을 들여다볼 수 있도록 돕는다. NLP(신경언어프로그래밍) 기법 중 하나인 '데카르트 사분면'이라는 기법이다.

데카르트 사분면은 결정하기 힘든 다양한 경우에 적용 가능하다. 예를 들면 "이 회사를 더 다녀야 하나요? 이직을 해야 하나요?"와 같은 문제에도 쓸 수 있다.

다음의 그림처럼 각 면에 자기 생각을 쓴다. 감정에 치우쳐 자신이 진정으로 원하는 것을 찾지 못하는 경우에는 자신의 마음을 종이에 적어보는 행동이 의외로 큰 도움이 된다. 걱정되는 감정들까지 EFT로 다뤄주면 자신이 진정 원하는 것이 무엇인지를 더 쉽게 알게 된다.

현 직장 생활 유지

나쁜 점 안 좋은 점	좋은 점
그 사람을 계속 봐야 한다. 계속 보다가는 화병이 생길 듯하다. 이렇게 있다가는 승진도 안 되고 이직 타이밍도 놓칠까 두렵다.	업무가 익숙해지면 편안하게 일할 수 있다. 새로운 곳에 가서 다시 적응하지 않아도 된다. 섣불리 이직했다가는 일에 대한 커리어를 놓칠 수 있다.
혹시나 다른 회사에 취업이 안 되면 어떡하지? 당장 카드값과 생활비는 어떻게 하지? 사람들이 저 사람 하나 못 버티고 그만둔다고 나를 의지박약이라 욕하면 어쩌지?	저 인간의 얼굴을 보지 않아도 되어 속이 시원하다. 감정적으로 폭발해서 괴물이 되는 나를 보지 않아도 된다.

이직

때로는 명상을 권한다. 명상은 특별한 것이 아니다. 일상 속에서 잠깐 멈춰 외부의 소리에 귀를 닫고 자신의 내면을 들여다보는 것이 명상이다. 꼭 가부좌를 틀고 앉아 있어야만 명상이 아니라 걸으면서도, 무언가를 먹으면서도 명상이 가능하다.

잠깐 멈추어보자. 지금의 내가 고민하는 부분에 대한 나의 마음은 어떠한지, 내가 원하는 것이 무엇인지 스스로 물어보라. 처음에는 낯설겠지만 내면의 소리에 귀를 기울이는 연습을 해보자. 자신이 아는 것이 명확할수록 우리는 '최악과 차악' 사이의 선택이 아니라 '최선과 차선' 사이의 선택을 할 수 있다. 소통을 잘 하고 더 행복해지기 위해서는 먼저 자신을 먼저 아는 일이 필요하다.

화가 날 때는
화를 내자

한때 나는 부정적인 생각과 감정을 가지면 안 된다고 생각했던 적이 있다. 마음공부를 한다면, 늘 긍정적이고 평화로운 상태여야 한다고 생각했다. 육체를 가진 이상 당연하게 느낄 수 있는 감정들을 왜 잘못이라고 생각했는지, 그때의 나는 참 어리석었던 것 같다.

《분노의 놀라운 목적》이라는 책에 보면, 비폭력 대화의 창시자 마셜 로젠버그 박사가 택시 안에서 인종 차별을 하는 택시 기사와의 대화에서 내재적으로 어떠한 분노의 과정을 거쳤는지 나온다. 감정을 억누르지 않고 있는 그대로 관찰하고 인정해주면 감정은 자연스럽게 수그러들고, 자신이 원하는 바를 표현할 수 있다는 것이다.

나는 성격이 조금 급한 편이다. 감정에 대한 수치심, 불편한 감정을 오래 견딜 만큼 인내심이 많지 않아서, 분노를 표출하거나 더 깊이 억압하고 살아왔다. 그런데 상담을 하면서 다른 사람들도 나와 비슷하게 살고 있다는 것을 깨달았다. 다만 정도와 비율의 차이가 있었을 뿐이었다.

어떤 이는 너무나 화를 참지 않고 표출하다 보니 분노 조절 장애가 되었다. 어떤 이는 참고 참다 보니 화병이 생겨 분노가 삐죽삐죽 올라오면 몸에서 상열감이 느껴지고, 안구 충혈, 두통, 불면과 같은 신체 증상뿐 아니라, 짜증과 잔소리가 폭주를 하는 경우도 있었다. 어떤 이는 너무 화가 나서 치가 떨리는데, 그 증상을 불안으로만 해석해서 불안감에 휘둘리기도 했다. 어떤 이는 분노를 참는 과정에서 다른 사람에 대한 분노를 자신에게 돌려 자책과 자해를 하기도 했다.

화를 내어 누군가에게 상처를 주고, 고립되었던 사람들은 분노 때문에 가까운 사람들을 다시 잃을까 봐 두려워했다. 참다 못해 분노를 터뜨린 사람들은 통쾌하기도 했지만, 자신에게 분노를 퍼부었던 사람들과 자신이 동일시되는 것을 끔찍하게 여기고 괴로워했다.

화에 대한 정서의 왜곡된 인식은 자연스러운 감정 자체를 부정하게 만들고, 제대로 감정을 표현할 기회조차 방해했다. 특히 가까운 사람들, 가족에 대한 분노는 누군가에게는 너무나 큰

혼란이고, 또 가족의 분노를 경험한 또 다른 누군가는 그 상처가 너무나 커서 배신감을 갖게 만들었다. 그래서 기존의 패턴을 반복하면서 분노를 더 쌓아가기만 한다.

이렇게 안타까운 일이 벌어지는 것은, 우리가 분노를 건강하게 표현하는 법을 많이 경험하지 못했기 때문이다. 분노는 큰소리를 지르는 것, 물건을 던지는 것, 때리는 것, 욕설을 하고 비난하는 것만을 의미하는 것이 아니다. 나의 마음이 아프고, 더 이상 나에게 더 불편함을 느끼게 하지 말라고 표현하는 것도 분노다.

그러니 자신의 분노를 표현하는 연습을 해보자. 사람들은 분노를 해소할 때 '입'을 사용하는 경우가 가장 많다. 누군가를 씹는다는 표현에서도 알 수 있듯, 말로 누군가에 대한 불편한 감정을 표현하기도 하고, 노가리를 씹는 것처럼 음식을 꼭꼭 씹으면서 분노를 풀기도 한다. 또 노래방에서 가서 미친 듯이 노래를 부르거나 큰소리를 지르면서 화를 풀기도 한다.

그리고 누군가가 없어도, 먹지 않아도, 노래방을 가지 않아도 입을 가지고 건강하게 분노를 풀 수 있는 방법들이 있다. 그 중 하나가 바로 '수건으로 분노 풀기' 방법이다. 이 과정은 수건으로 입을 막고 소리를 치는 부분도 중요하지만 준비 과정과 소리를 지른 후 과정도 중요하다. 이 과정을 원만하게 진행해야 분노를 건강하게 풀 수 있다.

수건으로 분노 풀기

1단계

자신을 짜증 나게 했거나 화가 나게 한 사람을 한 명 떠올려보자.
그 사람이 나에게 했던 행동 중 세 가지 정도를 종이에 적는다. 글
로 적으면 어떤 부분에서 기분이 나빠졌는지를 다시 한 번 인식
할 수 있고, 그 상황에 몰입하기가 쉽다.

2단계

그 다음 감정을 잘 표현하고 해소하기 위해 "감정을 느끼고 표현
하고 내려놓아도 괜찮아"라는 말을 열 번 이상 되뇐다. 소리를 지
르거나 분노를 표현하는 것에 대한 두려움과 거부감을 느끼는 경
우라면, 위의 말을 더 충분히 반복하는 것이 필요하다. 이렇게 하
면 분노를 표현하는 것에 대한 두려움을 완화시켜준다.

3단계

마음의 준비가 되었다면, 다음 페이지의 그림처럼 접어 수건으로
입을 막고 그동안 담아두었던 감정을 소리나 말을 표출하면 된다.
어떻게 해야 할지 모르겠다면 그냥 "악!" 하고 소리를 질러도 좋
다. 아무리 크게 소리를 질러도 수건을 두세 겹 겹쳐 충분히 두껍
게 해준다면 밖의 사람은 안에 무슨 일이 있는지 잘 모를 것이다.

단, 조용한 곳에서 나 혼자 크게 소리를 지르면 어색할 수 있기에 록 음악이나 사물놀이, 타악기 공연 같이 큰 소리가 나는 음악을 들으면서 하는 것도 방법이다. 집이나 사무실 등에서 이 연습을 할 예정이라면, 이어폰이나 헤드폰을 이용하는 방법이 더 좋다.

이 과정을 3분 이내로 진행한다. 소리로 감정을 표출하다 보면 분노 이면에 억압되어 있던 서운함, 외로움, 불안함 등의 다른 감정이 눈물로 드러낸다. 어떤 감정이 느껴지든 당황하지 말고 충분히 느껴보라.

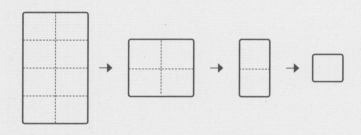

4단계

마지막으로 감정을 소리로 풀어낸 후에는 일상으로 바로 돌아가지 말고, 최소 5분 정도 눈을 감고 호흡한다. 이렇게 하면 남아 있는 부정적인 감정을 한결 쉽게 안정시킬 수 있다. 5장에서 소개할 '내면 아이' 치유를 통해 자신을 위로해주면 더 효과적이다.

　그럼에도 분노를 표현하는 일이 어색하게 느껴진다면, 거울을 이용하는 방법도 있다. 자신을 힘들게 했던 사람이 거울 속에 있다고 상상하며, 그 사람에게 미처 하지 못했던 이야기를 해보라. 이야기를 편하게 할 수 있도록 충분히 연습을 하는 것이 좋다. 상상만으로도 불편하다면 실제 그 사람을 만났을 때 감정적으로 화를 내서 자기 마음을 속 시원하게 표현하지 못하고 속앓이를 하는 경우가 많기 때문이다.

모든 사람이
나를 좋아할 수는 없다

'이유 없는 미움'과 '비난만을 위한 비난'이 담긴 말을 들었을 때 누구나 마음이 아프기 마련이다. 아픈 것을 싫어하고, 두려워하는 것도 당연하다. 그나마 다행인 점은 이러한 미움과 비난에도 일정한 패턴이 있다는 것이다. 내용 역시 다소 뻔하고 유치하며, 시간이 지나면 끝이 난다.

비록 상대의 비난 때문에 상처를 입어도 익숙함과 '끝이 있다'는 사실은 사람에게 안도감을 준다. 그래서일까? 사람들은 누군가의 비난과 공격에 상처 입으면서도 시간이 흐르면 그에 무뎌지고, 또 버틸 만하다고 착각하게 된다. 물론 새로운 방식으로 비난받거나 예상보다 더 높은 강도로 펀치가 날아올 때는 더 깊은 절망과 고통에 몸부림친다. 비난을 받으면 아픈 것이 당연하고, 아픔은 무뎌지고 참아야 하는 게 아니라 치유하면 된다는 당연한 사실을 알면서도 모르고 사는 것이다. 누구에게나 자존심 때문에 혹은 무지 때문에, 아픈데 안 아픈 척하며 살아가는 '자기기만의 시간'이 있다.

누군가는 인생을 학교로 비유했다. 인생의 어떤 시기가 되면 자의든 타의든 잘못된 생각을 바꿀 기회가 생긴다. 즉 우리가 느끼는 감정 중 타당하지 않은 감정이 없다는 당연한 사실을 알 기회가 주어진다. 그 감정이 일어나지 않는 일에 대한 두려움이라 할지라도 말이다.

나도 여느 사람처럼 비난받는 것이 두렵다. 가만히 내 마음을 들여다 보면 한 번씩 이 두려움이 내 안에 있다는 것을 발견한다. 8년 넘게 했던 강의를 쉬게 되었던 이유 중 하나도 비난에 대한 두려움이었다. 공격성이 가득한 말은 큰소리가 아니더라도 비수가 되어 가슴에 깊이 박힌다.

나는 비난받고 싶지 않다고 말하는 사람들을 만나면 반 농담, 반 진담으로 이렇게 말한다.

"예수님과 부처님도 안티가 있는데, 우리 같은 평범한 사람들을 누군가가 싫어할 수 있다는 것은 당연한 일 아닐까요?"

나는 모든 사람에게 사랑받고 싶다는 생각은 하지 않는다. 그러나 누군가에게 강렬한 미움과 분노의 대상이 되고 싶지도 않았고, 그래서 나름대로 바르게 살아왔다. 나를 싫어하는 상대가 환자라면 '치유가 필요하니까'라고 생각하지만, 지인에게서 생각지도 않은 강렬한 분노가 담긴 비난을 받을 것이라곤 생각도 못했다.

겉으로는 "그 강의 안 해도 할 일 많아!"라고 반응했지만, 속으로는 내가 다른 사람에게 미움의 대상이 될 수 있다는 사실이 너무나 큰 충격이었다. 차라리 10, 20대처럼, 누군가와 가볍게 다투고 싫어하는 사람들도 있었던 때였다면 덜 했을지도 모른다.

그때 들었던 말은 너무 충격적이어서 그 말을 떠올리는 것만으로도 머리에 무언가를 맞고 멍이 드는 것 같은 아픔이 실질적으로 느껴졌고, 나는 크게 분노했다. 이해하고 싶지 않았고, 비난하는 마음과 분노의 마음이 솟구쳐 잠을 못 이루기도 했다.

분노의 시기가 지나자, 나를 욕한 그 사람이 잘되기를 바랐다. 그 사람을 다 용서해서였을까? 아니다. 그 사람이 혹시 잘 안되면, 다시 나에게 분노할까 봐 두려워서 제발 잘되길 바랐다. 머리로는 '다시 강의를 할까?'라는 생각이 들어도, 두려움 때문에 그러지 못했다.

내 마음속에 그 사람을 광인, 악인으로 만들고, 그 기억을 곱씹으면서 두려워하고 있음을 알고 있었다. 설령 내가 강의를 한다고 해서 큰일이 일어나지 않는다는 것도 알고 있었다. 그러나 머리와 달리 마음은 여전히 두려웠다. 모든 게 내 마음의 일이었지만, 충격은 그 문제에 대해서는 나의 이성의 활동을 가로막았고, 나는 내 마음의 상처가 아물 수 있도록 기다려야 했다. 그 상처를 치유하기까지 꽤 시간이 걸렸다.

비난에 대한 두려움이 사그라들자, 이 감정들을 잘 흘려보낸 나 자신이 꽤나 자랑스러웠다. 다른 사람들의 시선 때문에 괜찮지 않은데도 괜찮은 척하며 나를 기만하지 않고, 마음의 응어리가 있는데 억지로 누군가를 이해하거나 용서하지 않도록 '내 입장'에서 나를 이해해주고, 내가 그 상처들을 치유할 수 있도록 기다려주는 것이 중요하다는 것을 잘 알기 때문이다.

정상적인 반응을 비정상적으로 여기게 되면 그 괴리감에 고통만 커진다. 비난을 받는 것은 두려운 일이다. 악플로 인해 사람들이 괜히 고통받고 극단적 선택을 하는 것이 아니다. 어떤 사람이 나를 싫어하고 나쁘게 말한다는 것에 대해 아무렇지 않을 수 있는 사람은 없다.

"난 왜 이렇게 이상하지? 난 너무 찌질해" 등으로 자신을 비난한다고 해서 비난에 대한 두려움이 사라지지 않는다. 두려워하는 자신을 비난하지 말고 그 두려움을 인정해주자. 그것이 두려움을 벗어나는 첫걸음이다.

좋은 의도가
모든 것을 좋게 만들지는 못한다

반려견 봉봉이와 길을 가던 경애 씨의 눈에 달려오는 차가 보였다. 너무 놀란 경애 씨는 봉봉이를 큰소리로 불렀지만, 강아지는 결국 달려오는 차의 방향으로 뛰어들어가 무지개 다리를 건넜다. 경애 씨는 봉봉이가 세상을 스스로 떠나려고 차에 뛰어들었다고 생각했다. 그러나 사실은 어땠을까?

강아지 입장에서 반려인인 사람이 자기 이름을 큰소리로 부를 때는 배변 패드가 아닌 다른 곳에 배변을 했거나 물건을 어질러놓아서 혼이 날 때라고 인식한단다. 반면, 사람은 위험한 상황이 되면 상대의 이름을 부르면서 소리를 지른다. 그날, 강아지에게서는 주인이 자기 이름을 부르는 소리가 "위험하니 조심하라!"는 원래 의미보다 "너 또 잘못했으니 혼나야겠어!"로 들렸다. 그러고는 도망가다 차에 치였던 것이다.

이처럼 좋은 의도였다 할지라도, 상대가 이해하지 못하면 비극이 일어날 수도 있다. 정도와 방식의 차이는 있지만, 이런 일은 사람과 사람 사이에서도, 심지어 회사에서도 일어난다.

"네가 속상할까 봐 차마 말할 수가 없었어."

분명 이번에는 최 과장이 고가 점수를 높게 준다고 했었다. 김 대리는 자신의 차례라고 믿었다. 그런데 결과는 권 선배에게로 갔다.

최종 결정자가 최 과장이 아니라는 것을 알지만, 김 대리는 최 과장이 더 원망스럽다. 최 과장이 직접 이야기하기 어렵다는 것도 알고 있지만, 서운하고 속상한 것은 사실이다.

"과장님은 알고 계셨죠? 제가 사람들 앞에서 설레발치고 있을 때, 속으로 얼마나 우스웠을까요? 제가 평소에 과장님에게 어떻게 했는데…… 정말 너무하시는 거 아니에요?"

최 과장이라고 마음이 편했을까. 승진할 줄 알고 좋아하는 김 대리 앞에서 아무렇지 않은 척하는 것이 너무나 힘들었다.

'요즘 야근에, 일도 많은데 슬쩍 언질을 주면 기운 빠질 거야……. 그래, 내일 얘기하자.'

그렇게 차일피일 언질이라도 주는 것을 늦출 수밖에 없었다. 김 대리로서는 최 과장이 어떤 방식으로 언질을 주었더라도 불편하게 들렸겠지만, 최 과장도 자신의 방식으로 김 대리를 배려했던 것이다.

　다른 사례도 있다. 은지 씨는 많은 직장인이 그렇듯 발표 공
포증이 있다. 그 상황을 모르는 동료가 상사 앞에서 은지 씨가
발표하는 게 좋겠다고 의견을 낸다면, 은지 씨 입장에서는 선의
로 느껴질까? 발표 공포증이 없는 사람에게는 좋게 느껴질지 모
르지만, 발표 공포증이 심한 사람들은 심지어 발표하는 일이 많
아질까 봐 승진을 꺼리기도 한다.

　부드러운 방식으로 표현된 좋은 행동조차 상황에 따라 뜻하
지 않게 상대를 곤혹스럽게 한다. 좋은 의도라도 그 목적과 상대
의 상황에 맞게 정확하게 표현을 해야 하는 이유다.

　만약 은지 씨에게 "이번 미팅 때 프레젠테이션을 은지 씨에
게 맡기라고 팀장님께 건의하려는데, 어때?"라고 물어봤더라면
어땠을까? 좋은 의도가 좋은 방식으로 빛이 나려면, 혼자 결정하
기보다는 상대에게 미리 물어보는 것이 더 좋다.

거절을
받아들이는 용기

거절을 당하는 일은 분명 유쾌한 일은 아니다. 그러나 거절당하는 일을 특별히 꺼리는 사람들이 있다. 그들은 거절을 상황에 대한 거절로 인식하지 않고 다른 의미로 받아들인다. 상대가 자신을 무시한다고 생각하고, 또 어떤 사람은 자신을 버린다고까지 생각한다.

"선생님, 전 왜 이럴까요? 그 사람에게 또 화를 냈어요! 분명 그 사람이 이번 주에 회사 일 때문에 시간이 안 될 것 같다고 말했는데, 저한테 오지 못한다는 말을 들은 순간, 사랑이 식었다고 느껴져서 또 헤어지자고 해버렸어요."

경주 씨는 또 남자친구에게 화를 내고 말았다고 자책했다.

경주 씨는 남자친구가 시간 약속을 어기거나, 얼굴을 보지 못하는 상황이 생기는 일을 견디지 못했다. 머리로는 직장인인 남자친구를 매일 보는 것이 어렵다는 사실을 잘 안다. 그러나 "오늘 나 보러 올 거지?"라는 말에 "말했잖아, 오늘은 못 갈 것 같아"라는 답변을 들으면 자신도 모르게 화가 치밀어오른다. 여자친구나 남자 사람 친구와의 관계에선 그렇지 않은데, 남자친구에게는 왜 그러는지 경주 씨는 알 수가 없었다.

상담을 하다 보면 의외로 경주 씨 같은 사람들을 종종 본다. 일반화할 순 없지만, 그들은 과거에 '버림받는 것에 대한 두려움'을 느낀 적이 있다. 주로 엄마가 아빠와 다투다가 집을 나갔거나, 친구와의 관계에서 이유를 모른 채 갑자기 따돌림당한 경우처럼 관계에 관한 트라우마가 있다.

엄마가 집으로 돌아오거나, 또 다른 친구가 생겨 그 트라우마를 잊어버린 것 같은 순간도 오지만, 가족, 연인 등 친밀한 관계에서 불편한 상황이 벌어지면 두려움이 다시 고개를 든다. 의처증, 의부증과 같이 집착이 강한 사람들 중에 소유욕이 지나친 사람들도 있지만, 사랑하는 사람이 자신을 버리는 것에 대한 두려움이 있는 경우도 꽤 많다.

분노 조절 장애를 지닌 사람들은 또 다른 의미로 거절을 어려워한다. 그들은 성장 과정에서 무시를 당하거나 인정받지 못한 것에 상처를 가지고 있는 경우가 많다.

병준 씨는 성장기에 늘 형과 비교를 당하면서 살았다. 부모

님은 항상 형이 우선이었기에 형이 원하는 것은 무엇이든 지원
해주셨다. 형은 학교에서 공부도 줄곧 잘하고 다양한 상장까지
받아오는, 부모님의 자랑이었다. 그래서였을까? 형과 다툼이 있
을 때 늘 혼이 나는 사람은 병준 씨였다. 하고 싶은 것도 많고 욕
심도 많았던 병준 씨는 형이 늘 부러웠다. '나도 형처럼 해주면
더 잘할 수 있을 텐데'라는 생각에 더 서운하고 속상했다. 정서
적 결핍 탓에 병준 씨는 사람들과 관계 맺는 것이 어려웠다. 누
군가가 자신을 조금만 무시하는 느낌이 들면 화를 내곤 했다. 자
신의 의견을 수정하는 것도 견디기 힘들어했다. 거절을 당할 때
의 고통을 상상도 할 수 없었다.

버림받는 일에 대한 두려움이든, 무시와 인정에 대한 상처
든, 그들은 자신들의 거친 감정 표현을 후회하고 자책한다. 머리
로는 상대가 나를 무시하는 것도 아니고 나를 떠나는 게 아니라
는 것을 알고 있다. 그러나 그 순간만큼은 무의식 깊은 곳에 있
는 상처가 상황을 왜곡해서 해석하고, 감정은 폭발하고 만다.

그들은 친구, 연인, 직장 상사에게 다시는 이런 일은 없을 것
이라고 말한다. 그들의 친구나 연인은 그들에게 "또다시 그러면
우리 관계는 끝"이라고도 말한다. 그러나 안타깝게도 이러한 일
은 반복된다. 이성이나 의지의 문제가 아니라 무의식, 감정의 문
제이기 때문이다.

상대가 나의 거절을 감정적으로 받아들인다면 먼저 상대에

게 "지금 내가 한 말이 어떻게 들려?"라고 물어볼 필요가 있다. 왜곡에서 벗어나지 않으면, 결국 서로 상처를 남기는 말만 하게 될 것이기 때문이다. 만약 상대가 거절할 때 감정을 주체하지 못해 언어 폭력을 행사하는 등 상황이 반복된다면, 스스로 해결하려고 하지 말고 전문적인 도움을 받는 것이 필요하다. 간혹 사랑의 힘이나 의지력으로 이것을 감내하고 해결하려는 사람이 있는데, 그것은 자신을 위해서도 현명한 선택이 아니라는 것을 기억하면 좋겠다.

잘 쉬기만 해도
고장 난 말은 바뀐다

고장 난 대화를 하는 원인이 꼭 마음이나 성격만의 문제는 아니다. 몸 상태가 나쁘면 건강한 대화를 방해하는 장애물이 된다. 번아웃 상태가 되면 체력만 떨어지는 것이 아니라 주변 사람들에게도 무관심해지고 냉소적으로 반응하게 된다. 예전에는 부드럽고 살갑게 말하던 사람도, 별일 아닌 것에 짜증을 내고, 인사하는 것조차 귀찮아 할 수도 있다.

　그러나 사람들은 피로 때문에 자신이 까칠해지고 예민해질 수 있다는 사실을 받아들이기 힘들어한다. 야근과 피로로 인해 누구나 힘들 수 있는데, 자신만 유난인 것처럼 느껴지기 때문이다. 또한 피로 때문에 감정 조절을 못 하고, 무관심해질 수 있다는 사실이 잘 믿겨지지 않기 때문이다.

경수 씨는 자발적으로 남들보다 일찍 출근하고 늦게 퇴근할 만큼 열정적이고 성실한 사람이다. 운도 따라주어 하는 일마다 실적이 좋아서 회사에서도 인정을 받고 있다. 그런데 어느 순간 부터 경수 씨는 감정 기복이 심해지고 우울감을 느꼈다. 아침마 다 '직원들에게 기대하지 말자', '화를 내지 말자'라고 다짐하건 만 번번이 헛수고다. 꾹꾹 참다 오후만 되면 폭발하고 만다.

경수 씨는 중등도 번아웃 상태였다. 숙면과 휴식에 대한 중 요성을 말해주어도 받아들이기 힘들다는 표정을 지었다. 그래도 감정 조절과 쉬는 연습을 같이 해보기로 했다. 먼저 집으로 절대 일을 가져가지 않기, 취미나 다른 즐길 거리로 일에 대한 생각 줄이기 연습부터 시작했다.

일주일 정도 지나자 경수 씨는 머리가 맑아지고 마음에 약 간 여유가 생겼다고 했다. 마침 휴가 계획이 있어서 여행을 다 녀온 뒤로는 얼굴빛이 확연히 좋아졌다. 평소 같으면 부하 직원 들의 실수에 화가 나야 했지만, 크게 짜증이 나지 않아 부드럽게 잘 표현했다고 했다.

사람들을 만나기 싫어지고 짜증이 난다면 언제부터 이런 상 태가 되었는지를 돌이켜보라. 정서적으로 힘들 만한 사건이 없 다면 만성 피로, 번아웃이 원인이거나 악화 요인이 되는 경우가 많다.

번아웃 자가 진단을 통해, 자신의 번아웃 정도를 살펴보라.

번아웃이라면 이를 회복해주는 것이 감정 조절과 건강한 표현에 좋은 도움이 된다.

경등도 번아웃 상태라면 한 달 정도만 잘 자고 잘 먹고 운동도 하며 자기 관리를 하는 것만으로도 회복된다. 고등도 번아웃이라면 3개월 정도 전문적인 관리와 치료를 받아야 좋은 상태를 꾸준하게 유지할 수 있다.

수면은 인간의 기본 욕구다. 기본 욕구가 충족되지 않으면 건강에 영향을 미치며, 공격적으로 변하거나 예민해질 수밖에 없다. 당연히 좋은 말도 나오지 않는다. 때로는 휴식이 우리의 아픈 말을 건강하게 회복시키는 가장 좋은 방법이라는 것을 기억하길 바란다.

나도 혹시 번아웃?

혹시 자신이 번아웃이 아닌지 살펴보자. 각각의 질문과 점수 기준을 잘 읽고 자신이 해당한다고 생각하는 점수를 괄호 속에 표기하면 된다. 각 항목의 점수를 모두 더한 후, 내 상태를 확인해보라.

번아웃 미니 자가 진단[*]

1	업무량이 지나치게 많은 것 같다	( )
2	예전과 달리 일에 대한 열정이 사라진 것 같다	( )
3	만사가 귀찮게 느껴지고 특히 업무 생각을 하면 피로감과 불편함이 느껴진다	( )
4	출근을 해도 시간이 꽤 지나야 업무를 제대로 시작할 수 있거나, 카페인 도움 없이는 업무 집중력을 높일 수가 없다	( )
5	잠을 자도 피로가 누적되는 것 같고, 예전에 비해 더 빨리 더 쉽게 지치는 것 같다	( )
6	직장 동료나 업무상 만나는 사람들에 대해 점점 무관심해지고, 그들을 만나는 것이 꺼려지거나 불편하게 느껴진다	( )
7	예전에 비해 짜증, 불안 등 감정 조절이 잘 안 되는 것 같다	( )
8	집중력과 인지 능력이 떨어지는 것 같고 멍하니 있는 시간이 늘어나는 것 같다	( )
9	예전과 달리 업무 효율과 성과가 점점 떨어지는 것 같다	( )

● 《나는 오늘도 소진되고 있습니다》, 이진희 저, 대림북스

10	일을 마치고 나면 파김치가 된 것처럼 힘이 하나도 없다	( )
11	속이 텅 빈 것 같고 일과 자신, 인생에 대한 회의감이 느껴진다	( )
12	면역력과 회복 능력이 떨어지는 것 같고, 불면증, 두통, 요통, 감기 등이 쉽게 낫지 않아 만성화된다	( )

점수 기준

0점 : 전혀 그렇지 않다

1점 : 1년에 몇 번 그렇다

2점 : 한 달에 한 번 그렇다

3점 : 한 달에 여러 번 그렇다

4점 : 1주일에 한 번 그렇다

5점 : 1주일에 여러 번 그렇다

6점 : 매일 그렇다

자가 진단 결과

총점 29~43점 : 경등도 번아웃

총점 44~57점 : 중등도 번아웃

총점 58점 이상 : 고등도 번아웃

사랑한다면
공부해야 한다

새로운 가족을 만드는 과정 속에서 생각보다 많은 사람들이 물질적 혼수만 하고, 심리적 혼수는 고려하지 않는 듯하다. 집이나 살림살이 등 여러 가지가 필요하지만, 결혼 생활에서 가장 중요한 것은 심리적 혼수다.

나는 결혼을 생각하거나 앞두고 있는 사람들에게 몇 가지 공부를 권한다. 우선순위대로 말하자면, 첫째, 세계적으로 유명한 부부 상담·치료 권위자인 가트맨 박사의 부부 치료에 관한 책이나 강의. 둘째는 정서를 조절하는 방법, 셋째는 대화법, 넷째는 성격 유형 공부하기다. 결혼하는 이유가 행복해지기 위해서인데, 우리는 부부로서 행복하게 사는 방법을 배워본 적이 거의 없다. 배우자가 생기는 것은 처음이라, 어떻게 해야 할지 모르기 때문이다. 부모님의 관계가 너무 좋았던 유진 씨가 떠오른다.

"선생님, 제가 엄마 아빠처럼 행복하게 살 수 있을까요?"

'사랑하는 사람과 결혼했으니 행복하게 살 거야'라고 긍정적으로 생각하는 것은 나쁜 것이 아니다. 그러나 더 나아가 현실적으로 일어날 수 있는 갈등 상황에 대한 솔루션을 알고 있는 것은 행복한 결혼 생활에 든든한 버팀목이 된다.

연애 초기에는 호르몬의 영향으로 무엇을 해도 사이좋게 잘 지내는 경향이 높다. 그러나 호르몬 효과는 1, 2년이 지나면 사라지면서, 진정한 사랑을 확인할 기회가 찾아온다.

연애할 때와 달리 결혼을 한 뒤에는 부부가 개인의 시공간을 확보하는 일이 쉽지 않다. 물론 극단적인 상황에서는 공간을 분리하여 폭발할 것 같은 감정을 다스려야 하지만, 매번 그럴 수는 없는 노릇이다. 실질적으로 행복한 결혼 생활에 필요한 방법을 배워야 한다.

많은 부부가 배우자에게 서운한 부분이나 배우자의 결점은 잘 알지만, 이를 어떻게 바꿔야 하는지는 잘 모른다. 그래서 상대가 나쁜 의도 없이 습관적으로 비난하는 언어를 쓰면 상처를 받는다. 아무 반응을 하지 않을 때도 사람들은 힘들어한다. 자기 이야기를 하는 데 반응하지 않거나 무성의하게 대답하면 서운함이 쌓여 결국 싸움으로 번진다. 게다가 자신의 이야기는 건성으로 듣던 사람이 친구의 전화를 받거나 다른 사람을 만날 때 살갑게 대하면 서운함은 순식간에 폭발하기도 한다.

그러나 평소에 정서적 관계를 잘 만들어놓았다면 어떨까? 갈등을 해소하는 방법을 안다면 어떨까? 비난을 하거나 상대를 배척하는 행동을 덜 할뿐더러, 성숙하게 문제를 해결할 수 있을 것이다.

퇴계 이황 선생은 "부부는 인류의 시작이며 만복의 근원"이라고 하였고, 손자 안도에게는 다음과 같이 말했다.

"세상 사람들이 모두 예와 공경을 잊고 서로 버릇없이 친하여 끝내는 모독하고 함부로 하고 능멸하여 못 할 짓이 없는 지경에 이르는 것은 모두 서로 손님처럼 공경하지 않는 데서 생긴다."[*]

말로는 "우리 가족이 소중하고, 가족을 위해서 산다"고 하는 분들이 꽤 많다. 그러나 실상을 보자. 남들도 소중하게 대하는데, 자신의 소중한 가족은 그들만큼 대하고 있는가?

내가 가트맨 박사의 부부 치료 서적을 사람들에게 권하는 것은 실질적이고 과학적으로 행복한 부부 관계를 만들고 유지할 수 있는 다양한 방법을 소개하기 때문이다. 이 방법들은 심지어 연애를 하는 사람들에게도 도움이 된다. 부부와 달리 공간 분리하기가 상대적으로 쉬운 연인들이 이 방법을 쓴다면, 관계가 더 좋아지는 것은 당연할 것이다.

몰랐을 땐 못 했겠지만, 방법을 알게 되고 할 수 있게 되면

● 《퇴계의 사람 공부》, 이황 저, 이광호 옮김, 홍익출판사

관계는 정말 변한다. 감사하게도 국내외 여러 전문가들이 방법을 찾아놓았으니, 우리는 배우기만 하면 된다. 사랑한다면 배우고 실천하라.

아무리 그러셔도
안 됩니다

8년도 더 된 이야기다. 한의원과 부설상담센터는 토요일이 되면 특히 바쁘다. 진료실에 들어가면 화장실 갈 시간도 없이 하루 종일 방 안에서 환자만 본다.

　하루는 어딘가에서 전화가 왔는데 원장과 통화를 원한다고 했다. 직원은 한의원 원장과 상담센터 원장이 모두 바빠서 전화를 받기 힘들다고 했으나(한의원과 센터가 같은 층에 있다), 상대는 막무가내였다. 당장 통화를 해야겠다는 것이다.

　실랑이 끝에 직원은 "무례하다"라고 표현을 했고, 돌아온 답변은 "너 같은 게", "못 배워먹어서", "부모가 참……" 등 온갖 공격적인 말들이었다. 결국 직원은 울음을 터뜨렸다. 덕분에 그 사람은 자신이 원하는 결과를 얻었는데 바로 상담센터 원장과의 통화였다.

그런데 직원에게는 그렇게 거친 언어를 쓰던 사람이 막상 상담센터 원장과 통화할 때는 제대로 말도 못 하는 데다 목소리까지 떠는 게 아닌가. 우리가 외국에서 저작권 사용 허락을 받고 배포하는 자료로 인해, 자신의 상품이 팔리지 않는다고 항의하는 전화였다.

폭언을 들었을 때 생기는 상처가 얼마나 큰지 알기에 나는 그 직원이 안쓰러웠고, 또 미안한 마음도 들었다. 심지어 우리가 한 직원 응대 교육 때문에 응대에만 신경 쓰느라 자신을 보호하지 못한 건가 하는 생각마저 들었다.

신경정신과 진료를 하다 보면, 한의원에 다양한 전화가 걸려온다. 어떤 사람은 비가 오는 날, 자신이 우울하다는 이유로 계속 전화를 건다. 진료가 아니어도 성의를 다해 응대하지만 통화 시간이 20, 30분이 넘어가면 병원에서도 그 전화를 계속 받을 수가 없다. 국가에서 지원해주는 서비스를 소개해줘도 전화를 끊지 않는다. "돈 없어서 병원 못 간다고 사람 무시하나!"라고 화를 내는 사람은 평범한 편에 속한다.

폭탄을 설치해서 병원을 폭파하겠다고 말하는 사람도 있다. 여직원이 받으면 성적인 농담을 하는 사람도 있다. 진료실에 들어와서도 그런 사람들이 있는데, 의외로 전문직 종사자나 종교에 몸담고 있는 분도 있었다.

　다른 서비스 직종의 경우도 제공하는 서비스가 다를 뿐 상황은 비슷하다. 물론 어디든 이러한 진상 고객보다 보통의 고객을 만나는 횟수가 월등하게 많다. 그럼에도 사람들은 그 몇몇의 공격적인 말에 무너진다. 그들이 내뱉는 말 끝에는 날카로운 칼날이 달려 있어, 그 말을 들으면 쉽게 회복하기 힘들기 때문이다. 회사에 저마다 블랙 컨슈머에 대처하는 팀들이 별도로 있고, 그들을 응대하는 매뉴얼이 있는 것이 괜한 까닭이 아니다.

　나도 직원들과 그런 상황에 어떻게 대처하면 좋을지에 대해 종종 이야기를 했다. 그러던 중, 남자 상담 실장님의 경험담이 나왔다. 환자 보호자가 자신의 감정을 여과 없이 표현하자 상담 실장님이 "선생님, 무례하시군요"라고 차분하게 말했다. 그러자 순간 상대가 자신이 다소 과하게 표현한 것을 깨닫고는 사과를 했고, 원래 하고픈 이야기를 잘 하고 전화를 마쳤다는 것이었다.

　습득력과 적응력이 빨랐던 직원이 그때의 기억을 떠올려 그 말을 적용했던 것인데, 결과는 달랐다. 상담 실장님과 직원의 성별이 달랐다는 것을 놓쳤기 때문에 일어난 불상사였다.

　나는 여성(또는 남성)이거나 어리다는 이유로 더 친절해야 한다고 생각하진 않는다. 다만 아직은 그런 대우를 바라는 사람들이 분명 존재하고, 옳음과 현실 사이의 괴리감을 조율하기 위해 매뉴얼이 필요하다. 그들이 옳아서가 아니라 자신을 지키기 위해서다. 이때 자신만의 매뉴얼을 추가로 개발하는 것이 좋다. 일반적인 매뉴얼대로 했다가는 상대의 성별이나 나이에 따라 효과가 없다 못해 오히려 더 힘들어질 수도 있기 때문이다. 때로는 성격의 차이로 인해 남들의 방식을 따라 하기 힘들 수도 있다.

대개 사람들은 부당한 요구나 부탁을 받으면 거절한다. 그러나 내성적인 사람이나 착한 사람은 거절하기 곤란해한다. 그들도 그 상황에서 벗어나기 위해 주변에 조언을 구하고 정보를 수집해서 적용해보려고 한다. 그래서 "미안, 못 할 것 같아", "안 될 것 같아"라고 거절을 하기도 한다. 평소 같으면 절대 하지 않을 말이기에 상대가 이해해줄 것이라고 생각한다. 감사하게 그럴 때도 있지만, 그들의 말은 작고 힘이 없다. 상대는 별 생각 없이 한 번 더 조르거나 부탁을 하고, 때로는 협박 아닌 협박까지 한다.

마음 같아선 "싫다는 말 못 알아들어요? 당신이 해요!"라고 강하게 말을 하고 싶지만, 실제로는 말이 나오질 않는다. 하더라도 자괴감만 커진다. 그러면 결국 다시 수락을 하고 괴로워한다.

자신의 성향에 맞지 않는 표현법은, 결국 자기 몸에 맞지 않는 옷을 입는 것과 같다. 누가 봐도 카리스마가 넘치거나 까칠해 보이는 사람들이 있다. 그런 사람들이 "안 돼!"라고 말하면, 상대가 단박에 거절의 의미를 이해하고 더 부탁하지 않으려고 한다. 그러나 그들처럼 단호하게 거절하지 못한다면, 자신의 방식으로 목적을 달성하는 방법을 찾아야 한다. 어중간하게 그들을 따라

하려다 긴장해서 말도 못 꺼내거나 불필요하게 오해를 사기도
한다. 그러니 자신에게 맞게 부드럽지만 여러 번 "아무리 그렇게
말씀하셔도 안 됩니다!"라고 말을 연습해야 한다.

누구에게나
사정은 있다

대화에서 가장 많은 부분을 차지하는 것은 '말의 내용(7~8퍼센
트)'보다는 '표정, 몸짓(55퍼센트)'과 같은 비언어적인 메시지다.
욕쟁이 할머니 식당에 가서 할머니가 "처먹어"라고 말해도, 사
람들은 그 말 자체에 크게 악의를 느끼지 않는다. 비록 말은 거
칠지만 손님을 챙겨주는 행동(비언어)에서 일반 식당과는 다른 따
뜻한 관심을 느끼기 때문이다. 반면 이 몸짓 언어 때문에 우리는
서로의 상황을 오해하고 때로는 상처를 받기도 한다.

수미 씨는 감정이 쉽게 드러나는 사람이다. 좋은 기분도 잘
드러나지만, 불만족, 짜증, 분노도 잘 드러난다. 문제는 수미 씨

가 서비스 직종에서 일하는 사람이라, 그녀의 표정이 동료뿐 아니라 고객에게도 불편함을 주는 것이다. 그로 인해 업무에 차질이 생기자 동료인 선정 씨가 수미 씨의 몫까지 고객 응대를 하게 됐다. 그럴 때면 선정 씨는 수미 씨가 일하기 싫어서 저렇게 행동하는 것인지 의심이 들고 괘씸하고 억울해진다.

하지만 수미 씨의 속내를 들여다보면 이야기는 다르다. 매일 아침 출근할 때마다 수미 씨는 자기 암시를 하고 또 한다. 왜 회사 문만 열고 들어서면 순간적으로 표정이 굳어지는지 모르겠다. 제 딴에는 최대한 웃으면서 이야기를 하는데, 사람들 눈에는 그런 자신의 표정이 짜증나 보이는 것 같다. 과거 학창 시절 때 "표정 너무 썩었어. 꼴 보기 싫어"라고 아이들에게 들었던 말이 다시 기억난다. 끔찍한 기억은 왜 이렇게 잊히지 않는지…….

수미 씨의 굳은 표정을 보다 못한 팀장님은 웃는 연습이라도 하라고 조언했다. 사람들은 모르지만, 수미 씨도 나름대로 노력을 한다. 거울 앞에서 웃는 연습도 안 해본 게 아니다. 하지만 억지로 웃으려고 하니, 표정은 더 어그러진다.

무리하게 감정을 표현하거나 누르는 행동은 좋지 않다. 다만 사회생활에서는 어느 정도는 감정을 감추고 대화하는 요령이 필요한데 일을 하다 보면 자신의 감정을 조절하지 못하는 사람들이 있다. 벌컥 화를 내거나 싫은 티를 내는 사람들은 감정을 조절하지 못하는 건지, 그렇게 해서라도 일하지 않으려는 건지 의심스러울 때가 있다. 그러나 그 안을 들여다보면 누구에게나 사정이 있다. 상대나 자신의 비언어적 표현 때문에 대화가 고장이 날 때 우리는 보이지 않는 사정을 생각해야 한다. 그리고 자신의 비언어적 표현 때문에 다른 사람이 상처받는 정도가 심각하다면 감정을 다스리고 표현하는 방법들을 찾아야 한다. 만약 이것이 너무 어렵다면 자신 안에 어떤 상처가 있는지 전문가의 도움을 받는 것도 방법이다.

결국 수미 씨는 병원에서 사회공포증(대인기피증)을 진단받았다. 이런 사람들은 생계를 위해 어쩔 수 없이 일하지만 다른 사람들과 소통 자체가 힘들다. 수미 씨와 비슷한 상태의 사람들은 성장기에 학교에서 따돌림을 당했거나, 부모의 불화가 있었던 경우가 많다. 자신의 감정을 솔직하게 표현하면 혼이 났던 경우도 많다. 단순히 다른 사람과 대화하고 싶지 않아서, 일하기 싫어서 자기만의 세계에 있는 것이 아니었던 것이다.

지금처럼만
말하면 되겠는데요?

"지금처럼만 말씀하시면 되겠는데요?"

　종종 내가 환자들에게 하는 말이다. 심리치료사에게 자신의 감정을 털어놓는 것처럼, 갈등의 대상자에게 솔직하게 말하면 울화병의 절반은 생기지 않을 것 같다. 세상에는 자신의 감정을 쉽게 표현하는 사람이 있지만, 내향적이거나 겁이 많은 성격 또는 전이 감정으로 인해 그 순간에는 무슨 말을 해야 할지 잊어버리는 사람도 꽤 많다.

　하고 싶은 말이 떠올라도 목이 꽉 조이는 듯해서 입 밖으로 표현이 안 되는 경우도 있다. 그래서일까. 떨리는 목소리라도, 작은 목소리라도 표현할 수 있다는 것 자체가 누군가에게는 부러움의 대상이 되기도 한다.

"선생님, 이제는 그 사람에게 말을 할 수 있을 것 같아요. 하지만 좋게 말할 자신은 없어요. 강하게 말했다가 관계가 더 틀어지면 어떡하죠?"

공포와 불안이 큰 사람들은 그 상대에게 말을 하는 상상도 힘들어한다. 치료를 통해 공포 반응이 완화되면 그제야 말이라도 하는 상상을 하는데 여전히 치유되지 않은 감정이 표현의 장애물로 드러난다. 상상으로나마 표현을 할 수 있다면, 다음과 같은 방법이 도움이 된다.

혼자 조용한 공간에서 무슨 말을 하고 싶은지를 정리한 후, 직접 소리를 내어 읽어보라. 감정의 골이 깊을수록 목소리를 내는 것이 어렵다. 큰소리가 아니어도 좋으니 직접 소리를 내보는 게 필요하다. "1 더하기 1은 얼마인가?"라는 질문에 답이 바로 나오는 것처럼, 그 말이 자연스럽게 바로 나올 때까지 연습을 해본다.

이때 꼭 그 표현이 건강한 말이 아니어도 좋다. 욕설을 하면 어떠랴. 자기 감정에 충실하게 표현해보자. 그래서 다른 이를 신경 쓰지 않아도 되는 혼자만의 공간에서 연습하는 것이 중요하다.

말을 할 수 있게 되면, 그때부터 감정 조절 연습을 하는 것이 좋다. 그 사람이 내 앞에 있다고 생각하고 앞서 생각한 말을 자연스럽게 하면, 어떤 감정이 느껴지는가? 한편 후련하지만 여전히 날것의 감정이 느껴진다. 그 감정을 조절하기 위해 이 책에 소개한 여러 가지 방법을 시도해본다. 감정 자체를 조절하는 방법으로는 EFT나 배치플라워가 더 효과적이다.

예를 들어 "나는 그에게 너무 화가 나서 절대 곱게 말할 수가 없지만, 이런 나도 받아들이고 사랑합니다", "나는 추악한 욕설밖에 안 나올 만큼 너무나 화가 나지만, 이런 나도 받아들이고 사랑합니다"라는 식으로, 느껴지는 감정에 대해 수용 확언을 만들어 EFT를 적용한다.

이런 방식으로 감정을 말로 완화시키는 연습을 반복해본다. 처음에는 "죽여버리고 싶다"라고 표현하던 사람도 감정이 완화되면서 "한 대 때리고 싶다"에서 "너무 화가 난다", "짜증난다" 등으로 표현도 완화된다.

감정이 많이 완화되면, 실제로 그 사람에게 준비한 말을 해본다. 무엇 때문에 내가 불편하고 불쾌했는지 표현해보라. 이때 사람들은 긴장감을 느끼면서도 준비한 말은 할 수 있게 된다. 그렇게 하나씩 표현하는 연습을 해본다.

표현하지 못하는 사람들에게 목소리를 내는 것은 용기가 많이 필요한 일이다. 물론 "굳이 이렇게까지 해야 하느냐, 차라리 그 사람을 안 보고 살면 되지 않으냐"고 말하는 사람들도 있다. 그럼에도 그들이 용기를 내야 하는 이유가 있다. 우리는 평생 감정을 누를 수도, 대화를 회피할 수도 없기 때문이다.

표현하지 못하는 사람들은 너무 오랜 시간 동안 참고 또 참아왔다. 자기 목소리를 내는 것을 잊어버려서 그 목소리를 되찾는 데 시간과 연습이 필요할 뿐이다. 그렇게 한 번, 두 번, 열 번, 스무 번 자기 목소리를 내다 보면 더 이상 대화에서 다른 사람의 감정 쓰레기통 노릇이나 피해자 역할을 하지 않아도 된다. 그들이 바랐던 것처럼 상대에게도 자신에게도 한결 당당한 사람이 될 수 있다.

함부로 판단하지 말고
다름을 인정하기

관계가 가까워졌을 때 매력을 느낄 수 있는 사람이 있는가 하면, 처음에는 몰랐는데 가까워질수록 가시를 드러내 상처를 주는 사람이 있다. 얼핏 봐서는 알 수 없는 성격의 차이는 상대와의 대화는 물론, 서로 관계를 맺고 이해하기 힘들게 한다.

예를 들어 처음에는 "저 사람의 저 성격이 참 부러워"라고 말하며 호감으로 느꼈던 부분이 정서적으로 대화를 할수록 다르게 느껴질 때가 있다. 평소에는 긍정적이고 무리의 분위기 메이커 역할을 하던 사람이 대화가 어긋나고 갈등이 생기면 공격적으로 변하는 경우도 있다. '정말 내가 알던 그 사람 맞아?', '이 사람 원래 이런 사람이었어?'라는 생각이 절로 든다.

우리는 자신의 성격과 경험을 바탕으로 다른 사람을 이해하기에 성격이 다른 사람을 이해하는 데 어려움이 따른다. 특히 겉만 봐서는 쉽게 알 수 없는 사람이나 살면서 만나보기 힘든 유형의 사람이라면 더욱 그렇다.

예를 들어 배치플라워에는 워터 바이올렛Water Violet이라는 꽃으로 대표되는 성격 유형이 그렇다. 이 유형에 해당하는 사람들은 겉으로 보기에는 도도하고 쌀쌀맞아 보인다. 실제로 남들이 다가가도 거리를 두거나, 큰 관심을 보이지 않는 경우도 많다. 그러나 그들과 친해지면 알게 된다. 그들은 그저 내향적이고, 혼자 있는 것을 더 좋아하는 사람일 뿐이다.

이들은 많은 사람들과 어울리면 에너지가 쉽게 고갈되므로, 자신과 코드가 맞거나 교감이 되는 소수의 친구들을 사귀는 것을 더 좋아한다. 사람들을 만나서 술, 운동, 수다 등으로 스트레스를 해소하려고 하기보다, 자신만의 동굴로 들어가는 것을 좋아한다.

외향적인 사람들은 이런 내향적인 사람들이 곁에 있으면 답답해지는 경우가 많다. 사랑하는 연인이나 친구, 가족 구성원이 주말이 되어도 집에만 있으려고 한다면 어떨까? 심지어 속상한 일이 있는 것 같은데, 대화보다는 혼자 조용히 있으려고 한다면, 그 모습이 답답하다 못해 걱정되기도 한다. 그래서 자신에게 도움이 되었던 방법, 즉 외출할 이유를 만들거나 자꾸 말을 걸고 함께하고 싶어 하지만, 반응도 결과도 좋지 않을 때가 있다.

　　상대를 위해 소통을 하려고 노력하는데도 나아지지 않는다는 생각이 계속 드는가? 그렇다면 서운한 감정은 두고, 혹시 자신의 잣대로만 상대를 평가하고 자신의 방식을 상대에게 강요하고 있지 않은지 생각해볼 필요가 있다.

　　우리가 좋은 의도로 상대에게 조언했다고 해도 나에게 쉬운 것이 다른 사람에게는 어려울 수 있고, 다른 사람에게 쉬운 것이 나에게 어려울 수 있다. 틀린 것이 아니라 다른 것뿐이다. 다른 접근이 필요하다.

　　성격이 다르다는 것은 문제 해결 방식도 다르다는 것을 의미한다. 건강한 대화를 원한다면, 성격이 급한 사람들은 남의 이야기를 끊지 않고 끝까지 듣는 법을 배워야 한다. 통제하려는 사람들은 관계를 상하 관계로만 인식하지 않고 명령하기보다는 존중하고 포용하는 법을 배워야 한다. 겁이 많은 사람들은 용기 내어 표현하는 방법을 배워야 한다. 우유부단한 사람들은 결정에 대한 책임을 미루거나 남에게 돌리지 않고 자신이 책임지는 법을 배워야 한다. 모든 대화에 중심에 서려고 하는 사람들은 다른 사람들과 함께 대화하는 법을 배워야 한다. 이렇게 저마다 개선하고 노력할 부분이 다를 수 있다.

　　중요한 것은 절대적으로 더 나은 성격은 없다는 것이다. 남들이 입었을 때 좋아 보인다고 해서, 그 옷이 나에게도 늘 잘 어울리지는 않는다. 표현에도 자신만의 스타일이 있다. 모든 성격에는 장단점이 있고, 어떤 성격이든 자기 방식대로 발전하면 균형 잡힌 좋은 사람이 될 수 있다. 마찬가지로, 나에게 효과가 있는 방법이 항상 다른 사람에게는 효과가 없을 수도 있다는 것을 인정해야 한다.

물론 상대를 섣불리 판단하지 않고 다름을 인정한다고 갑자기 두 사람의 대화가 건강해지진 않을 것이다. 그러나 상대를 이해하고 존중하려는 시도는 서로가 더 가까워질 기회를, 또 그 문제를 해결할 확률을 높여주는 것은 확실하다.

반복하다 보면
앞으로 나아가게 된다

편하게 말을 하고 싶지만, 긴장이 되어 말이 제대로 안 나올 때
가 있다. 물론 상대가 나를 비난하거나 깔보지 않을 것을 머리로
는 너무나 잘 안다. 그러나 내 심장은 요동친다. 괜찮다고 말을
되뇌어도 기분 탓일까? 손까지 떨리는 것 같다.

규모가 크거나 중요한 자리에서 발표를 하느라 떠는 것이
라면 사람들도 나름 수긍을 할 것이다. 그러나 발표 불안이 심
한 분들은 그냥 일상적인 관계에서도 떨림을 느끼기도 한다. 심
지어 오랜 친구 앞에서도 손이 떨린다고 한다. 떨릴 이유가 전혀
없다는 것을 잘 알지만 몸은 다르게 반응한다.

이렇게 머리로 아는 것과 몸으로 느끼고 반응하는 것은 다르

다. 말도 마찬가지다. 처음부터 잘하는 사람도 있지만, 기본적으로 기술이란 반복을 해야 실력이 는다. 생각해보라. 영어와 같은 외국어를 배울 때 단번에 귀가 뚫리고 입이 트이는 요령은 없다. 사람들이 좀 더 쉽게 배울 수 있는 다양한 방법이 있을 뿐이다.

한의사가 된 뒤에 알게 된 사람들은 나의 현재 모습만 보고 내가 원래 밝고 긍정적인 사람이라고 생각하는 경향이 있다. 하지만 과거의 나는 그리 긍정적인 사람은 아니었다. 중학교, 고등학교, 대학교 시절만 해도 회의주의적이고 염세적인 성향을 보였다. 심지어 대학교 시절에는 자기계발 서적을 읽는 사람은 '자기 삶에 자신이 없어서 남에게 도움을 구하려는 루저'라고 생각했을 만큼 오만하기까지 했다.

그러나 인생은 사람을 겸손하고 더 나은 삶을 살게 만들 기회를 준다. 나는 20대 중반부터 그런 기회를 얻었다. 우울증을 겪었던 그때의 나는, 정말 살기 위해서 필사적으로 공부를 했고 그 과정에서 좋은 도구를 만났다. 몇 년 후 관련 단체의 커뮤니티 카페를 운영했다. 벌써 11년 전 일이다.

온라인 카페는 태어나서 처음 운영했던지라, 관련 분야에서 사람들에게 도움이 되는 정보를 공유하기로 했다. 당시만 해도 좋은 방법들을 배우려면, 영어가 필요했다. 잘하지 못하는 영어로 긍정 확언을 비롯하여 여러 주제의 책을 번역했다. 또한 그때부터 감사 일기를 쓰기 시작했다. 3년 정도 했을까? 긍정 확언이 자연스럽게 내 삶에 들어왔고, 입 밖으로 쉽게 나오기 시작했다.

사람들이 "어떻게 그런 확언이 나와요? 어떻게 그렇게 말이 나오죠?"라고 물으면, "하다 보니 그렇게 되었다"는 뻔한 답밖에 할 수 없었다. 가랑비에 옷 젖듯, 내가 하던 행동이 자연스럽게 지금의 내 삶에 스며든 결과물이기 때문이다. 요령이 있었던 것이 아니라, 매일 글을 올려야 한다고 생각했고, 그것을 계속했을 뿐이다.

허망한 소리일지도 모른다. 그러나 나는 한편으로는 생각을 바꾸는 데 반복만큼 좋은 것은 없다고 생각한다.

꽃이 핀 모습을 보고 싶다고 해서, 어제 씨앗을 뿌려놓고 오늘 '왜 싹이 자라지 않지?' 하고 흙을 파볼 순 없지 않던가. 모든 것에는 익숙해질 수 있는 시간이 필요하다. 싹이 터서 잘 꽃필 수 있도록 물과 거름을 주며 기다려야 한다.

뻔한 이야기를 반복하는 이유는, 조급한 마음 때문에 "난 원래 안 돼! 못 해!"라고 미리 포기할까 봐 걱정이 되어서다. 건강한 대화를 하기 위해서는 '감정을 조절하는 것, 다른 관점으로 상대를 이해하는 것, 비판 없이 바라보는 것, 진심을 건강하게 표현하는 것' 등이 필요하다. 이 하나하나는 '말하기, 듣기, 쓰기, 읽기'와 같이 다른 영역이다. 하나를 잘하면 다른 것을 더 잘할 수도 있지만, 저마다 노력이 필요하다. 영어 초급자들이 처음부터 외국인을 만나 유창하게 영어를 할 수 없는 것처럼, 건강한 말도 그러하다. 반복해서 하다 보면 말은 는다.

　　그러니 안 된다고 생각하지 말고, 반복이 더 필요하다는 것을 기억하면 좋겠다. 영어는 몇 년을 공부하면서, 관계를 행복하게 만드는 말은 오래 반복하지 못할 이유는 없지 않은가.

더 이상 말과 마음이
고장 나지 않도록

마지막 수리서

우리의 대화는
계속되어야
합니다

혼자는 좋지만
외로운 건 싫어요

요즘은 다른 사람과의 대화나 관계에 염증을 느끼는 이들이 많다. 혼자가 좋다고, 편하다고 이야기하며 사람을 만나는 것도 이야기를 들어주는 것도 부담스러워 한다. 굳이 자신의 시간과 체력을 남에게 내어주고 싶지 않으며 상처 주는 이야기를 하면 더더욱 기피하는 것이다. 그래서 상담하러 온 많은 이가 다음과 같이 이야기한다.

"예전 같으면 친구가 나를 배려해주지 않는 것 같을 때 '야너 말을 왜 그렇게 해? 서운해!'라고 표현했을 것 같아요. 저는 서운하다는 표현도 애정이 있어야 할 수 있다고 생각해요. 그런

데 굳이 애정을 들여서 이 관계를 유지할 필요가 있는지 모르겠
어요. 안 그래도 회사에서 사람에 치이는데, 쉬기 위해 나온 동호
회에서까지 그런 노력을 기울이고 싶지 않아요. 마음 편히 취미
생활하려고 온 거지. 스트레스 받으러 나온 게 아니니까요. 안 나
가면 그만이죠!"

"더 이상 그 선배를 보고 싶지 않아요. 5년 전만 해도 특별한
일 없으면 선후배 모임에 나갔어요. 팍팍한 사회에서 만난 사람
보다는 오래된 인연이 편하니까요. 그런데 모임 때는 선배의 말
을 무심코 넘겼는데, 집에 돌아와서 생각해보니 불쾌하고 짜증
나요. 더는 보고 싶지 않아요."

"내가 그 사람의 감정 쓰레기통도, 동네북도 아니잖아요. 왜
힘든 이야기를 다 들어줘야 하는 거죠? 그동안 그 친구 때문에
힘들었던 걸 생각하면 소리 지르고 다 쏟아붓고 오고 싶지만, 그
냥 '차단'할래요."

그리고 이들의 내면에는 또 다른 욕구도 자리 잡고 있다. 혼
자 있길 원하면서도 마음이 잘 통하는 사람과 소통하고 싶은 욕
구다. 그래서 저마다 경우는 달라도 모두 입을 모아 말한다.

"하지만 선생님! 주변엔 이야기가 통하는 사람이 하나도 없
어요. 도대체 그런 사람을 어디에서 만날 수 있을까요? 그런 사

람이 없다면 전 혼자가 더 나은 것 같아요."

많은 사람들이 소통을 원하지만 상처받고 싶지 않은 마음에 혼자를 선택한다. 상처가 클수록 연락을 끊고 자신만의 동굴로 들어가려 한다. 공간적으로 분리되면 마음이 정리가 더 잘 되기도 하고 성격에 따라 반드시 혼자만의 시간이 필요한 사람이 있다.

인간은 망각의 동물이다. 사람들에게 받은 마음의 상처에 어느 정도 딱지가 앉으면 동굴 밖으로 나온다. 동굴 안은 편하지만 외롭고, 생존을 위해서도 동굴 밖 생활이 필요하기 때문이다. 만일 동굴 안의 시간이 필요하다면, 그 시간을 어떻게 보낼 것인지가 중요하다.

반면 외로운 게 싫어서 누군가를 꼭 곁에 둬야 하는 사람도 있다.

"선생님, 전 중학생이 된 뒤로 한 번도 남자친구가 없던 적이 없어요"라고 말하는 20대 여성이 있었다. 누가 봐도 예쁜 외모를 지녔고 배려심 가득한 성격이었지만 번번이 나쁜 남자와 사랑에 빠져 상처를 받곤 했다. 이렇게 관계에서 똑같은 문제가 반복될 때는 심리적, 물리적 거리를 두고 그 관계에 어떤 문제가 있는지를 생각해볼 필요가 있다.

"다시는 나쁜 남자 안 만나! 연애 안 해!"라고 아무리 다짐을 해도, 자신이 왜 그런 사람에게 끌리는지 이유를 알지 못하면, 결국 똑같은 일을 반복하게 된다.

우리가 진짜 두려워해야 할 것은 관계에서 상처를 받는 것이 아니라 그 상처에 발목을 붙잡히는 것이다. 세상은 넓고 사람은 많다. 왜 굳이 그런 사람들 때문에 우리가 마음의 문을 닫고 힘들어 해야 하나? 상처 때문에, 자존심 때문에 사람들과 소통하고 연결되고 싶은 마음을 숨기진 말자. 세상에는 우리가 있어 행복한 사람들이 있고, 아직 나를 알지 못하지만 미래의 나와 좋은 관계를 맺고 싶은 사람들이 있다.

행복한 순간에는
언제나 누군가가 있다

20대 때 운 좋게 해외여행을 할 기회가 여러 번 있었다. 그중 특히 기억나는 여행은 20여 일 동안의 터키 여행이다. 전 일정을 나 혼자 소화한 첫 여행이기 때문이다. 이스탄불을 비롯한 터키 서부에서는 영어도 잘 통할 뿐 아니라 해외여행자도 정말 많다. 그러나 2005년에 내가 여행한 터기 동부는 한국 여행자는 물론 해외여행자도 많지 않았다. 게다가 숙소에 있는 직원만 영어를 할 줄 알고 다른 곳에서는 영어가 통하지 않았다. 그래서 좀처럼 누군가와 대화하지 못했다.

그리고 내가 머문 밴^{Van}이라는 도시는 전기가 귀해서 오후 네 시가 되면 도시의 불이 거의 다 꺼졌다. 어두컴컴한 풍경을 보고 있을 때 숙소 직원이 "현재 이 동네에 외국인은 단 네 명뿐"이라고 말했던 것이 기억난다. 나는 철저히 이방인임을 느꼈다.

분명 나는 한국에서 사람들에게 지쳐, 내 삶에 지쳐 아무도 나를 모르는 곳으로 떠나고픈 마음으로 그 여행길에 올랐다. 그런데 이방인이라고 느낀 그 순간이 마냥 좋지만은 않았다. 자유도 느꼈지만 고독감과 불안감이 더 크게 느껴졌다. '여기 왜 혼자서 왔을까'라는 후회를 떨치기 위해 '곧 이 도시를 떠날 것이고, 이 여행은 끝날 거야'라고 생각하며, 애써 가이드북을 넘기며 내일을 생각했다. 새로운 경험과 풍경을 기대하며 불편한 감정을 눌렀다. 끝이 있는 여정이라 다행이라 생각하면서 말이다.

그러나 고독감은 생각하지 못한 또 다른 순간에도 찾아왔다. 배낭 여행자에게서 "현지인이 추천해준 곳이야. 꼭 가 봐"라고 들었던 에이르디르를 방문했을 때였다. 에이르디르는 조용하고 작은 동네였지만 바다같이 큰 호수가 있는 곳이었다. 맑디맑은 호숫가, 그 아름다운 경치를 눈에 담고 있으니, 나도 모르게 "같이 올 걸"이라는 말이 툭 튀어나왔다. 아름다움을 나눌 사람이 곁에 없었던 것이다.

생각해보면 삶의 행복한 순간마다 우리 곁에는 '누군가'가 존재한다. 사람들에게 "행복했던 순간은 언제인가요?"라고 물어보면 다양한 답이 나온다. "결혼했을 때요", "사랑하는 사람과 여행 갔을 때요", "첫째가 태어났을 때요", "엄마가 건강을 회복했을 때요!" 사람들의 행복에는 이렇게 누군가가 있다.

심지어 '오늘은 오빠가 없으니 혼자 자유를 누릴 수 있겠군!' 하고 기분 좋아하는 순간에도, 다른 팀원이 아닌 내가 칭찬받아 기뻐하던 순간에도 누군가는 존재한다. 다른 사람들이 없었다면 과연 그만큼 기뻤을까? 당장 내 눈 앞에 없어도, 누군가의 존재 자체가 행복에 영향을 미친다.

사람은 사회적 동물이다. '사회적'이라는 말 자체가 우리가 혼자서 생존하거나 존재할 수 없음을 의미한다. 개인의 성향에 따라 정도의 차이가 있겠지만, 우리는 누구나 관계 속에서만 느낄 수 있는 소속감, 안정감과 같은 행복을 누린다. 그렇기에 누군가와 대화를 할 때 연결됨을 느끼면 우리는 더욱 행복을 느낀다. 혼자일 때의 행복도 소중하지만 함께일 때 느끼는 행복 역시 살아가면서 우리가 마땅히 누려야 할 권리이다.

소소한 대화가 주는
확실한 행복

결혼 생활의 햇수가 느는 만큼, 우리 부부도 나이를 먹어간다. 나이는 크고 작은 다양한 변화를 가져온다. 마른 체형이었던 남편에게도 뱃살이 생겼고, '아재 개그'도 할 수 있게 되었다. 좀 더나이를 먹으면 달라질지 모르겠지만, 나는 아재 개그를 싫어한다. 그래서 시답잖은 농담에 약간 짜증을 내지만 어느 때는 '픕'하고 웃음을 터트리기도 한다. 그럴 때면 '그래, 이게 일상이지'라는 생각이 든다. 그렇다. 어떻게 일상의 대화가 늘 의미 있고, 유익하며, 교훈적일 수만 있을까.

    에어컨도 없었던 어린 시절, 무더운 여름이 되면 선풍기 바람을 쐬며 "덥다, 덥다"라고 말한 만큼이나 "심심하다"라는 말이 나오곤 했다. 그럴 때 옆에 있는 오빠나 친구들과 시시껄렁한 이야기를 하다 보면 재미없던 시간도 어느새 끝이 나고 저녁이 되곤 했다. 또 재미없는 농담 따먹기를 하다 문득 재미있는 놀이가 떠오르기도 했다. 재미없던 놀이도 친구 몇몇이 더 찾아오면 재미있는 놀이로 바뀌고, 재미있던 놀이도 아이들이 집으로 돌아가면 재미없어졌다. 어린 시절의 나는 '재미가 있으려면 사람이 있어야 하고 말로 표현되어야 한다'는 것을 본능적으로 알았나 보다.

발달학적 트라우마에 대해 배웠을 때, 일상적인 말의 소중함을 새삼 느낄 수 있었다. 트라우마라고 하면, 사람들은 충격적인 일을 겪어서 생긴 불안 증상을 떠올린다. 발달학적 트라우마는 그와는 반대 개념이다. 영유아기나 성장기에 당연히 받아야 할 보살핌을 받지 못해서 생기는 방임에 의한 트라우마다.

방임을 오랜 시간 경험한 사람들은 일상 대화에서도 어려움을 겪는다. 학업이나 업무는 모두가 처음이라 같이 배우면 된다. 오히려 그 분야에 두각을 나타내는 이들도 많다. 그러나 일상적인 대화는 공부나 일보다 더 어렵고 낯설다. 어디서 어떻게 말을 꺼내야 할지도, 무슨 이야기를 해야 할지에 대한 정보가 그들에게는 없다. 그래서 회사에서도 업무 외의 이야기를 잘 하지 않는데, 어떻게 대화해야 할지 모르기 때문이다(그렇다고 역이 항상 성립하지 않는다).

또한 누군가가 친절하게 대해줘도 어색해하거나 어쩔 줄 몰라하는 경우가 많다. 그들의 기억 속에 가족들은 TV나 술, 노름에 빠져 있거나, 일을 하러 나가 집에 없을 때가 많기 때문이다. 사람이 없으니 당연히 대화도 없다. 칭찬도 없고, 위로도 없고, 지지도 없다. 무엇보다 관심도 없다. 큰 자극도 없지만 때로는 아무 소리가 나지 않는 고요함이 사람을 더 고통스럽고 외롭게 만든다.

감사한 일인지 불행한 일인지, 사람들은 이런 방임의 아픔을 잘 모른다. 산소 없이 살 수 있는 생명체는 아무도 없지만, 우리는 매 순간 산소를 인식하지도, 중요성을 느끼지도 못 한다. 일상의 대화도 마찬가지다. 오히려 일이나 학업으로 인해 홀로 이사를 가거나 관계 문제로 홀로 될 때, 공허함과 함께 그 소중함을 느낀다.

나는 일상의 대화는 '집밥' 같다고 생각한다. 집밥은 먹기 싫을 때도 있고 지겨울 때가 있지만, 몸과 마음이 너무 힘들 때 문득 생각난다. 집밥을 먹으면 이상하게 마음이 편안해지고 힘이 난다.

대화도 그러하다. 사람에 치이고 일에 치여 지칠 때, 자극적이지 않고 담담한 일상의 대화가 우리의 마음을 위로해준다. "이제 집으로 왔어. 날을 세우지 않고 편히 있어도 괜찮아"라고 마음의 갑옷을 내려놓아도 된다고 말해주는 것 같다.

소소한 대화는 큰 의미는 없어 보여도 우리의 삶과 마음의 여백을 부드럽게 채워준다. 때로는 꼭 "사랑해"라는 표현을 하지 않아도 상대의 관심과 사랑을 느끼게 해준다. 타인과 관계를 맺게 해주고, 나를 표현하고 소통할 수 있도록 기회를 준다.

소중한 걸 잊은
나를 위한 질문

몇 년 전, 결혼을 앞둔 사촌 동생과 저녁 식사를 할 기회가 있었다. 이런저런 대화 중에 동생이 "누나는 원래 글 쓰는 걸 좋아하잖아?"라는 말을 하지 않는가. 지금도 그렇지만 그때만 해도 글쓰기는 어려운 숙제와 같았기에 나는 "기회가 있어서 글을 쓰는 것이지, 원래 글 쓰는 것을 그리 좋아하지 않아"라고 했다. 그리고 시간이 흘러 문득 그 말이 떠올랐다.

질문은 어떤 방식으로든 답을 향해 나아가게 한다. 생각해보니 사촌 동생의 말이 맞았다. 나는 초등학교 때도, 중학교 때도 소설을 썼다. 초등학교 6학년 때 담임이 예쁜 여자 아이들의 가슴을 만지는 성추행을 했지만, 당시에는 아이들이 할 수 있는 일이 별로 없었다. 그래서 졸업을 앞두고 학급 문집에 우리 반 아이들이 힘을 모아 담임이 지옥에 떨어지게 한다는 소설을 썼다. 중학교 때는 기억은 잘 나지 않지만, 캠퍼스 노트 한 권을 가득 채우고도 다음 노트로 이어갈 만큼 소설을 썼다. 나는 내가 느꼈던 감정과 생각, 하고 싶은 것들을 종이에 채워나갔다. 나는 글을 쓰는 걸 좋아했다. 그런데 왜 그 기억을 까마득하게 잊어버리고 있었을까.

고등학교 때 일이다. 대학 입시를 위해 학교에서 논술 모의고사를 실시했다. 책 읽는 것을 좋아하고, 소설 쓰는 것도 좋아했기에, 사람들도 내가 논술 시험 성적이 좋을 것이라고 기대했던 것 같다. 그러나 결과는 500여 명 중에서 200~300등 정도였다. 그때의 나는 지금 내가 알고 있는 것들을 몰랐기에, 그 숫자가 나에 대한 객관적 평가라고 생각했다.

그때부터다. '나는 글을 잘 못 써. 내가 글을 잘 쓰게 되면 그건 운이야'라고 생각하며, 글 쓰는 일을 어려워했고 그 후로 소설을 쓰는 일은 없었다. 대학 때 수업이나 강의를 정리하고 전달하기 위해 썼을 뿐이지, 내 생각을 글로 표현하는 일은 거의 없었다. 그렇게 나는 글쓰기에서 멀어졌다.

누군가의 평범한 말 한마디가, 우리가 잊고 있었던 자신의 모습을 떠올리게 한다. 그 모습이 항상 아름답진 않겠지만, 그 안에는 우리의 꿈이 있고, 우리가 좋아했던 것들이 있다. 어른이 되면서, 혹은 남들의 평가나 경제적인 이유로 인해 잊어버린 소중한 것들이 있다.

　많은 3, 40대 사람들이 자신이 무엇을 좋아하고 무엇을 하고 싶은지 모르겠다고 말한다. 아무리 찾아도 잘 모르던 답을 다른 사람과의 대화에서 찾게 될 때가 있다.

　"뭘 좋아하는지 모르겠다고? 너 손으로 뭔가를 만드는 거 좋아하지 않아? 가구든 컴퓨터든 조립할 때 표정이 밝았잖아?"

　내가 잊어버린 내 모습을 기억하는 사람, 혹은 내가 보지 못하는 내 모습을 보는 사람의 말 한마디가 우리에게 소중한 기억을 되찾아준다.

오해를 이해로
바꾸는 대화

친밀한 사이일수록 사람들은 상대를 잘 안다고 생각한다. 연애하고 결혼까지 한 부부라면 더욱 그럴 것이다. 그러나 알다가도 모르는 것이 사람의 마음이다. 그래서 많은 사람들이 "우리 남편(아내)이 이런 사람이었군요"라는 말을 한다. 병수 씨 부부도 그렇다.

병수 씨의 마음

한 번씩 '아내가 날 사랑하지 않는 게 아닐까?'라는 생각이 든다. 나는 맛있는 것을 먹어도, 좋은 것을 봐도 아내가 늘 생각나고 아내와 함께하고 싶은데, 아내의 표정은 좋지만은 않다. 심지어 아내가 좋아하는 공연 콘서트 표를 구해주었는데도 반응은 시큰 둥했다. 한번은 홧김에 "당신은 날 사랑하긴 해?"라고 말도 했다. 물론 아내의 대답은 "당연히 사랑하지!"였지만, 서운하고 불편한 마음이 마음 한편에 자리 잡고 있다.

아내의 마음

남들은 나에게 남편 복이 있다고 말한다. 어느 남편이 집안일도 함께 하려고 하고, 음식도 같이 만들려고 하고, 심지어 아내가 좋아하는 취미까지 공유하려고 하냐며 내가 부럽다고 말한다. 나도 그런 남편이 참 고맙고 좋다. 그러나 나는 남편의 사랑표현 방식이 때로 부담스럽다. 남편은 일만 하지 않는다면 24시간을 늘 나와 함께하고 싶다고 한다.

그러나 나는 나만의 시간이 필요하다. 조용히 혼자 있는 시간이 있어야 쉴 수 있고 회복이 된다. 회사 일이 많고 신경 쓸 일이 많을 때일수록 나만의 시간을 갖고 정리를 해야 한다. 그러나 남편은 사람들과 놀아야 스트레스가 풀리는 사람인지라 자꾸 나와 무언가를 하고 싶어 한다. 아무리 남편에게 이 부분을 설명해도, 이해를 하지 못한다. "난 당신이랑 있으면 기분도 좋고, '힐링'되는데, 당신은 안 그래?"라는 말만 돌아올 뿐이다.

서로 사랑하는 사이여도 성격이 다르니, 표현하는 방식도, 스트레스를 해소하는 방법도 다를 수 있다. 연애할 때는 각자 집으로 돌아가 혼자만의 시간을 보낼 수 있어서 이러한 성격 차이가 크게 드러나지 않았을 뿐이다. 그러다가 결혼해서 함께 살면 독립적인 시간과 공간이 없어져서 이러한 차이가 더 도드라지게 느껴지고 오해가 생기곤 한다. 이혼 사유 중 가장 큰 것이 '성격 차이'라고 하는 까닭도 이러한 오해 탓이다.

부부 싸움에서도 이러한 차이는 문제가 된다. 둘 중 하나는 매사 여유가 있는 '천천히'고 다른 하나가 속도를 중요하게 생각하는 '빨리빨리'일 때, 갈등이 커질 확률이 높아진다. 의외로 '빨리빨리'보다 '천천히'가 문제를 더 크게 만들 수 있다. '천천히'들은 갈등 상황이 벌어지면, 당장 그 문제를 해결하려고 하지 않는다. 좋은 게 좋다는 식으로 넘어가려고 하거나, 상대와의 공간을 분리하기 위해 집 밖으로 나가거나 방으로 들어가버린다. 공간 분리는 강렬한 감정에 휩싸일 때, 해서는 안 될 말을 하거나 하면 안 될 행동을 저질러버릴 위험을 줄여준다. 그래서 보이지 않는 곳에서 소리를 지르든 욕을 하든 감정을 어느 정도 삭혀야지 대화할 수 있는 상태가 된다. 그 뒤 형식적으로 화해하거나 일단 문제를 덮어둠으로써 다시 평화를 찾는 듯하다. 그러나 이런 상황이 반복되면 결국 더 큰 폭발을 야기할 수도 있기에, 반드시 이후에 갈등의 문제에 대해 건강하게 해결할 필요가 있다. 그러려면 '천천히'들이 어떤 사람인지를 이해할 필요가 있다.

'천천히'들은 크게 회피형과 공포형으로 나눌 수 있다. 회피형은 말 그대로 갈등 상황 자체가 너무 불편하고 견디기 힘들다.

누구나 불편한 것들을 싫어하지만, 그들은 이 불편함을 견디기 더 힘들어한다. 막상 달려들면 쉽게 해결할 수 있는 문제라 할지라도, 문제를 보는 것 자체가 너무 불안하고 두려워서 엄두를 못 낸다. 갈등을 해소한 경험을 여러 번 반복하게 되면 조금씩 나아지지만, 대체로 그렇지 못하다. 그래서 머리로는 또 말로는 문제를 '별것 아닌 것'처럼 이야기하지만, 그 상황이 되면 어쩔 줄 몰라하고, 괴로워한다.

공포형은 회피형보다 더 안타까운 경우다. 공포형은 갈등과 싸움에 대한 실질적 트라우마가 있다. 성장기에 강도 높은 언어적·신체적 폭력에 노출된 경우가 많다. 그 갈등 상황 자체가 하나의 트리거가 되어 그들을 트라우마의 기억 속으로 되돌려놓는다. 그들은 얼어버리고 이 상황에서 벗어나기 위해 미안하다고 사과를 한다. 간혹 반대로 분노하거나 공격하는 경우도 있다. 그러면서 대화는 고장 나고 관계는 깨진다.

상대가 나와 다르게 행동하는 것은 당연하다. 나도, 내가 사랑하는 사람도 이상한 사람이 아니다. 우리 모두는 다른 환경에서 성장했고, 타고난 성격도, 살아온 방식도, 경험도 다른 것뿐이다. 이해할 수 없는 상황이나 혹은 감당하기 힘든 반응이 나타났을 때, 우리는 놀라고 속상해 한다. 이때 그 사람이 나에게 소중한 사람이라면, 그 사람을 원망하거나 탓하기보다 이해하려는 노력이 필요하다. 그 사람이 어떤 성장 과정에서 살아왔는지, 나와 성격적으로 어떤 면에서 다른지, 특정 행동을 할 때 어떤 마음인지 등을 이야기해봐야 한다. 말은 서로를 오해하게 만들지만, 오해를 이해로 바꿔주는 힘이 있다.

포기하지 않게 만들어주는
말의 힘

나는 보통 한의사와는 좀 다른 삶을 살고 있다. 진료하는 방식도 방식이거니와, 책 쓰고 강의하고 외국에서 강연자를 초청해서 강연회를 열기도 한다. 좋은 강연이 있는지, 요즘 경향은 어떤지 살펴보기 위해 해외에서 열리는 다양한 워크숍, 컨퍼런스에 참석하느라 매년 한두 번은 외국에 나가기도 한다. 그 덕분에 비행기를 탈 일이 종종 있는데, 그럴 때면 남편은 웃으면서 내 활동 반경이 국제적이라고 말한다.

이렇게 국내외에서 활동을 한다고 하면, 사람들은 내가 영어를 잘하고 외향적일 것이라 생각한다. 그러나 나는 겁도 많고 영어도 유창하게 하지 못한다. 그리고 영어를 유창하게 하지 못한다는 사실은 나를 긴장시키고 위축되게 만든다.

　내가 참여하는 워크숍의 대부분은 마음을 치유하거나 변화시키는 방법을 소개해주는 내용인지라, 이론 강의와 실습을 병행한다. 영어로 상담 실습을 하거나 강의하는 것은 꽤나 도전적인 일이다. 상대에게 적절한 타이밍에 적절한 질문을 해야 하는 것은 물론이고, 영어로 정서적 공감을 하고 그들의 말을 정리하고 요약하고 대처해야 하니 스트레스가 클 수밖에 없다. 그 탓에 워크숍을 할 때가 되면 겁 많은 어린아이로 돌아가기 일쑤다.

　2009년에 나는 NLP의 창시자 리처드 밴들러가 진행하는 6일간의 NHR 강의를 들으러 영국 에든버러에 갔다. NHR^Neruo Hypnotic Repatterning은 NLP와 최면을 결합한 기법인데, NLP는 신경언어프로그래밍Neruo Linguistic Programming의 약자로, 이름에 '언어'라는 표현이 들어간 만큼 '언어적' 측면이 중요하다. 강의는 이론을 설명하고 그에 따른 실습을 진행하는 방식으로 진행을 했는데, 최면 유도를 하는 실습도 있었다.

　당시 나는 한국에서 이미 최면에 대해 공부했고, 한국어로 라포 형성(의사소통에서 상대와 형성하는 친밀감 또는 신뢰관계를 만드는 일)을 하고 최면 유도를 곧잘 하는 편이었다. 하지만 한 번도 영어로 최면을 걸어본 적이 없었다. 그런데 최면 실습을 하라고 하니 얼마나 당황했는지 모른다.

　참가자 대부분이 언어가 잘 통하는 사람과 실습을 해서 더 많은 것들을 배우고 싶어 했다. 그래서 자연스럽게 내 옆을 떠나는 외국인 친구들을 이해할 수 있었지만, 마음이 작아지는 것은 어쩔 수 없었다.

그러나 그럴 때마다 내게 다가와서 힘을 준 사람들이 있었다. "난 영어밖에 못 해. 그래도 넌 2개 국어는 하잖아?"라고 말하거나 "너도 한국어로 하면 잘하잖아. 말에는 힘이 있는 거 너도 알지? 최면 유도문을 한국어로 해볼래? 재미있는 시도가 될 거야"라고 말을 해주고 내가 그 과정에 참여할 수 있도록 격려하고 도와주었다.

그 덕분에 나는 내가 배울 것을 실습을 통해 제대로 배울 수 있었고, 그 결과 실제로 비언어적으로 혹은 한글로 최면 유도를 해서 최면을 거는 결과가 나오기도 했다.

어쩌면 그 사람들도 동양에서 온 어린 여자(그 워크숍에서 동양인은 나 혼자였으며, 외국인들 눈에는 내가 10대로 보였다)에 대한 호기심 때문에, 혹은 착한 성품 때문에 친절을 베풀었을지도 모른다. 그러나 의도가 어떠하든 그들의 말과 호의는 겁 많은 나에게 도전할 수 있는 열정을 유지할 수 있도록 도와주었다. 또한 최면 실습 중 하나로 '인교(사람 다리) 만들기'를 했는데, 성공했을 때, 같이 한 파트너들이 모두 자기 일처럼 얼마나 기뻐해주었는지 모른다.

그 덕분에 지금의 나는 해외에서 연사를 초청해서 강의도 여러 번 할 수 있게 되었고, 해외에서 강의를 하는 꿈을 꿀 수 있게 되었다. 어떤 사람과 말을 주고받든지, 화자 입장에서는 별 의미가 없는 말이라도, 그 말을 듣는 사람은 희망을 느낀다.

편견 없는 마음과
응원의 말이 만났을 때

"도대체 저는 ＿＿＿＿를 이해할 수 없어요"라는 문장 속에 빈칸에 해당하는 사람을 나는 종종 만난다. 빈칸에는 남편, 아내, 부모, 자녀, 친구, 친척, 직장 상사, 동료, 선생님 등 다양한 사람들이 들어간다. 빈칸으로 인해 힘들어하는 사람들은 "그 사람은 배려나 이해심도 없나 봐요. 늘 자기밖에 몰라요. 구제불능이죠!"라고 그 사람을 묘사한다. 그런데 그 구제불능의 사람들도 꾸준한 상담을 통해서 조금씩 달라지기 시작한다.

그 사람을 편견 없이 바라보고 믿어주면 오래 묵어 풀기 어려운 문제가 아주 쉽게 풀릴 때가 있다.

민수가 한의원에 처음 찾아왔을 때, 직원들은 걱정을 했다고 한다. 사정상 친척과 함께 살고 있는 터라, 친척인 삼촌이 전화를 주었는데 민수가 학교에서 문제를 많이 일으키는 아이라는 것이다. 그러나 내가 만난 민수는 그냥 고등학생이었다. 물질적으로는 풍족했지만, 정서적으로는 충분히 자신의 감정을 털어놓고 지지받을 곳이 없는 아이였다. 내가 한 일은 선입견 없이 그 아이가 좋아하는 것을 들어주고 공감해주는 것이었다. 상담하면서 학교 선생님과 문제가 있었지만, 그런 행동을 할 수밖에 없었던 민수의 마음을 들어줬다.

초등학생만 하더라도, 자신이 잘못을 했을 때 무엇을 잘못했는지 안다. 하물며 고등학생인 민수가 모를 리가 없었다. 공부나 진학 이야기도 먼저 꺼내지 않았다. 그런데 어느 순간부터 민수는 먼저 이야기를 꺼내기 시작했다. 아이들을 비롯해, 사람들은 누군가가 자기 편이라고 느낄 때 자연스럽게 변화하기 시작한다. 민수는 미래에 대해 스스로 고민하기 시작했고, 공부도 스스로 하기 시작했고, 이루고 싶은 꿈을 찾아 걷기 시작했다.

어른들도 마찬가지다. 어떤 문제는 답이 명확하게 보일 때가 있다. 분명 사람들은 나에게 "어떻게 하면 좋을까요?"라고 묻지만, 내가 그 답을 언제 이야기하느냐에 따라 사람들의 표정은 달라진다. 그들의 마음에 충분히 공감하지 않은 상태에서 답을 이야기하면 사람들의 표정은 빠르게 굳는다.

어른들의 질문은 몰라서 묻는 경우보다는 답을 알고 있으면서도 묻는 경우가 더 많은 듯하다. 자신이 옳다는 것을 확인받기 위해, 손해 보기 싫어서, 상처받기 싫어서, 책임지기 싫어서, 현실적인 이유 등으로 묻는다. 그들에게 필요한 것은 정답도 아니고 조언도 아닌 경우가 많다. 그래서 나는 그저 그들의 이야기를 들어주고 공감해준다.

최근에 만난 한 여성은 "저는 제 동생에게 평생 '미안하다'는 이야기는 듣지 못할 것이라고 생각했어요"라고 말했다. 그녀는 동생의 변화에 기뻐하며 나에게 감사했지만, 사실 나는 그녀와의 상담에서 특별한 조치를 하지 않았다. 그저 선입견 없이 그녀 내면의 선한 마음을 믿어주었고, 그녀의 마음을 존중해준 것뿐이었다. 내가 보기엔 그녀는 이기적인 사람도, 제멋대로인 사람도 아닌, 단지 여리고 겁 많은 사람이었다. 장미에 가시가 있는 것처럼, 마음 여린 사람들이 때로는 날을 세울 때가 있다. 남들이 보기엔 공격적이고 무례하게 보이지만, 사실 그들은 상처받는 것을 두려워하는 것뿐이다. 그 여린 마음을 알아줄 때, 그들은 곧 두세웠던 날을 내려놓는다.

믿는다는 것은 기대하는 것과 다르다. '내가 이렇게 대하면 너도 이렇게 대하겠지?'라는 기대, '넌 원래 이런 사람이니까, 이렇게 하겠지'라는 기대는 이 관계가 조건부 관계임을 보여주는 사고다. 조건부는 조건에 부응하지 않으면 문제가 생기게 마련이다. 반면 지금 내 눈에 보이는 모습과 행동 뒤에 있는 그들의 따뜻하고 선한 진심을 믿어주면 어떻게 될까? 나는 나를 만나는 사람들이 일반적으로 이해가 잘 안 되는 행동을 했다 할지라도 "진심은 아니었잖아요"라고 말을 건넨다. 그들을 잘못된 사람, 나쁜 사람이라고 생각하지 않고 바라보면, 그들은 조심스레 자신의 상처를 보여준다. 그리고 미처 말하지 않았던 부분에서도 스스로 변화를 만들어내기 시작한다. 누군가의 행동이 걱정되고 안타깝다면, 변화시키거나 판단하기에 앞서, 편견 없이 그 사람의 편이 되어 대화해보라. 감언이설이나 으름장으로 풀리지 않았던 문제들이 해결될 희망들이 보이기 시작할 것이다.

나를 더 사랑할
기회를 찾아서

자존감을 높이기 위해서는 자신을 있는 그대로 사랑하는 것이 필요하다는 이야기를 들어봤을 것이다. 그런데 과연 '자신을 있는 그대로 사랑한다'는 것은 어떻게 하는 것이며, 그것을 잘 실천하는지 어떻게 확인할 수 있을까?

나는 자존감의 높이가 자동차의 안정성과 비슷하다고 생각한다. 하루는 차 사고가 났다는 지인이 내게 이런 말을 했다.

"내 차가 좋긴 하더라! 차는 폐차 상태가 됐는데, 다행히 난 안 다쳤어."

내 자동차가 얼마나 튼튼한지 평소에는 확인하기 어렵지만 일단 사고가 난 뒤에는 어느 정도 확인할 수 있다.

이는 자존감도, 자신을 있는 그대로 사랑하는 것도 마찬가지다. 상황이 좋을 때, 자신을 좋아하는지 싫어하는지 여부를 확인하기는 어렵다. 하지만 업무든 관계든 경제적 문제든 외모 문제든, 스트레스를 받는 상황에서 우리가 그 상황에 어떻게 대처하고 자신을 어떻게 대하는지를 통해, 자존감과 자기 사랑을 확인할 수 있다. 그렇다고 좋지 않은 일을 계속 만들 수 없기에 여전히 자신을 사랑하는 방법은 막연하게 느껴질 수 있다. 그럴 땐 역발상을 해보는 것도 좋다. '어떻게 하는 것이 자신을 사랑하지 않는 것일까?'라고 스스로에게 물어보자.

'내가 어려움에 처했을 때 나를 외면하지 않는 친구가 진짜 친구'라는 말처럼, 힘들고 괴로운 상황일 때 자신을 비난하거나 방치하는 것은 자기 사랑이 아닐 것이다. 이 답에서 우리는 자신을 사랑하는 방법을 알 수 있다. 자신을 비롯해서 누군가를 사랑할 때, 그 사람이 싫어하는 행동을 하지 않는 것, 비난하지 않는 태도가 사랑이다.

"난 한심해! 난 겁쟁이야!"라고 비난하는 대신, 술이나 먹는 것으로 그 상황을 회피하는 대신, 자신의 아픔을 풀어주는 것이다. 내가 그러한 행동을 괜히 하거나 나쁜 감정으로 하는 것이 아님을 자신의 입장에서 이해해주려는 시도를 해볼 수 있다.

이때 자신의 마음을 잘 알아주는 친구가 있으면 더 좋다. 나는 기회가 되면 나를 만나러 오는 사람들에게 멋진 친구를 소개해준다. 늘 내 편이 되어주고, 나를 배신하지 않는 든든한 친구!

바로 우리 무의식이자, 무의식의 친숙한 모습인 자신의 '내면 아이'다.

내면 아이라고 하면, '아이'라는 용어 때문에 어린 시절의 모습이라고만 생각하는데, 내면 아이는 기억 속에 있는 매 순간의 자신을 말한다. 특히 상처를 입은 기억 속의 자신을 '상처받은 내면 아이'라고 부른다.

나는 상처 받은 사람들에게 특히 내면 아이와 잘 소통할 수 있는 방법을 알려준다. 상처, 콤플렉스라고 볼 수도 있는 자신의 모습을 인정하고 이해할 수 있게 되면 그 사람이 한결 당당하고 자신 있게 살 수 있다는 것을 잘 알기 때문이다.

우리는 역사를 통해서 무엇을 하면 되는지도 배우지만, 무엇을 하면 안 되는지도 배울 수 있다. 이는 자기를 사랑할 때도 마찬가지다. 지나간 과거를 덮어두기보다는 자신의 상처를 바라보고 치유하면서, 다시 똑같은 실수와 아픔을 겪지 않을 수 있는 성숙한 방법을 찾을 수 있다.

연애를 생각해보자. 생각보다 많은 사람들이 사랑하는 사람들과 비슷한 이유로 반복해서 싸우고 헤어진다. 연애 문제로 상담을 할 때가 있는데, 나는 그때마다 바버라 드 안젤리스가 쓴 《당신이 나를 위한 바로 그 사람인가요》에 나온 내용으로 그들의 연애 패턴을 적게 한다. 당연히 부모와 연인은 다르다. 그런데, 결과지를 보면 그렇지 않다는 것을 수긍하게 된다.

사람들은 자신의 연인이나 배우자에게서 부모에게서 받지 못한 사랑을 바란다. 사람들은 자신의 연인이 부모의 장점을 갖고 있거나, 부모가 해주지 못한 부분을 채워줄 때 더 큰 매력을 느끼곤 했다. 반대로 연인이 부모와 같은 단점을 계속 보이면 갈등이나 헤어짐의 원인이 되곤 한다.

우리는 부모를 바꿀 수도 없고, 과거를 바꿀 수도 없다. 그럼 사랑이 계속 고통이 되어야 하는 것일까? 다행인 것은 과거로 돌아가 인생을 바꾸지 못한다 할지라도, 할 수 있는 것이 있다는 것이다. 바로 기억 속에 있는 상처받은 어린 자신을 재양육하는 것이다. 상처받았던 순간을 떠올리며, 그때의 자신을 안아준다고 상상한다. 이것이 내면 아이 연습이다.

"어린 나야, 정말 많이 속상하고 힘들었겠구나? 혼자서 얼마나 힘들고 외로웠어? 이제는 내가 너의 편이 되어 이렇게 너를 안아주고 너의 이야기를 들어줄게. 그러니 사랑하는 나야, 이제는 혼자 아파하지 마!"라고 말해준다.

다 지나간 일이라고 생각하지만, 힘들었던 어린 시절의 기억을 떠올리고 그때의 자신에게 따뜻한 위로와 지지의 말을 해주면 생각보다 많은 분들이 눈물을 터뜨린다. 신기하게도 마음이 편안해지면서 힘들어했던 기억 속의 자신의 표정도 밝아진다. 나아가 일상에서도 안정감을 느끼는 부분이 많아진다. 낮은 자존감은 과거 상처의 결과물이다. 자존감을 높이는 방법은 내

기억 속 나를 행복하게 해주는 것이다. 더 이상 혼자 울고, 혼자 불안해하고, 혼자 아파하지 않도록, 기억 속의 내면 아이에게 따뜻한 말을 건네보자. 과거를 바꿀 순 없지만 그때의 나도 사랑스러운 존재라는 것을 기억할 때, 현재의 우리는 좀 더 자신을 사랑할 수 있게 되고, 우리의 자존감도 올라간다.

진심이면
충분하다

보통 사람들의 특별한 이야기를 담은 책《영혼을 위한 닭고기 수프》는 읽을 때마다 감동을 준다. 나는 말이 지닌 치유의 힘에 대해 생각할 때, 이 책에 수록된 헬리스 브리지스의 〈나에게 특별한 사람〉이 떠오른다.

　뉴욕의 한 여교사가 자신이 담임을 맡은 고등학교 3학년 학생들에게 그들 각자가 얼마나 특별한 존재인지를 설명하면서, "당신은 내게 특별한 사람입니다"라고 적힌 파란색 리본을 달아주었다. 그리고 아이들에게 리본을 세 개씩 더 주면서, 주변 사람들에게 달아주라는 숙제를 냈다.

　한 학생이 자신의 진로 상담을 도와준 학교 근처 회사의 부사장에게 이 리본을 달아주었다. 그리고 파란색 리본을 두 개 더 주며, 자신이 존경하는 특별한 사람에게 달아주라고 부탁했다.

부사장은 회사에서도 지독한 인물로 정평이 난 사장에게 파란색 리본을 달아주며, 사장이 지닌 천재성과 창조성에 대해 존경을 표했다. 그리고 파란색 리본을 하나 더 주면서, 사장에게 소중한 사람에게 달아주라고 부탁했다.

그날 밤, 사장은 집으로 돌아와 열네 살 아들에게 오늘 회사에서 부사장에게 리본을 받은 이야기를 나눴다. 사장은 "오늘 집으로 돌아오면서 난 누구에게 이 리본을 달아줄까 생각을 하다, 아들, 너를 떠올렸단다"라고 말하며, 아들에게 리본을 달아주었다. 자신이 그동안 아들에게 엄격하게 대했던 것을 사과하며, 사실은 누구보다도 아들을 사랑하고 소중하게 생각한다고 말했다. 그 말에 아들은 눈물을 흘리기 시작했다. 울음을 간신히 그치고 고개를 들어 아들은 사장에게 다음과 같이 말했다.

"아빠가 절 사랑하지 않는다고 여겨서 새벽에 자살하려고 했어요. 하지만 이젠 그럴 필요가 없네요."

다소 늦었지만, 완전히 늦지 않았던 아버지의 진심은 아들을 살릴 수 있었다. 일상에서도 우리는 지나가는 행인의 말로 인해 죽음 대신 삶을 선택한 사람들의 기사들을 볼 수 있다.

나는 그럴 때마다 진심을 표현하는 것이 얼마나 중요한지 새삼 깨닫는다. 굳이 사랑한다고 말을 해야 하느냐고, 주저하는 사람들이 있다. 만약 그렇게 생각한다면, 파란 리본 이야기를 기억하면 좋겠다.

　지금 우리가 사랑하는 사람이, 우리가 누구보다도 행복하길 바라는 그 사람이 우리의 진심을 알지 못해 아파하고 있을 수도 있다. 어색하지만 그 사람을 위해서 표현해보자. 그 사람을 웃게 만드는 데 특별한 방법이 있는 것이 아니다. 우리의 진심이면 충분하다.

고장 난 대화

1판 1쇄 인쇄 2020년 1월 14일
1판 1쇄 발행 2020년 1월 21일

지은이 이진희
펴낸이 고병욱

기획편집실장 김성수 **책임편집** 박혜정 **기획편집** 윤현주 장지연
마케팅 이일권 송만석 현나래 김재욱 김은지 이애주 오정민
디자인 공희 진미나 백은주 **외서기획** 이슬
제작 김기창 **관리** 주동은 조재언 **총무** 문준기 노재경 송민진

펴낸곳 청림출판(주)
등록 제1989-000026호

본사 06048 서울시 강남구 도산대로 38길 11 청림출판(주) (논현동 63)
제2사옥 10881 경기도 파주시 회동길 173 청림아트스페이스 (문발동 518-6)
전화 02-546-4341 **팩스** 02-546-8053
홈페이지 www.chungrim.com
이메일 cr1@chungrim.com
블로그 blog.naver.com/chungrimpub
페이스북 www.facebook.com/chungrimpub

ISBN 978-89-352-1303-0 03320

※ 이 책은 저작권법에 따라 보호를 받는 저작물이므로 무단 전재와 무단 복제를 금지합니다.
※ 책값은 뒤표지에 있습니다. 잘못된 책은 구입하신 서점에서 바꾸어 드립니다.
※ 청림출판은 청림출판(주)의 경제경영 브랜드입니다.
※ 이 도서의 국립중앙도서관 출판예정도서목록(CIP)은 서지정보유통지원시스템 홈페이지
(http://seoji.nl.go.kr)와 국가자료공동목록시스템(http://www.nl.go.kr/kolisnet)에서
이용하실 수 있습니다.(CIP제어번호: CIP2019052123)